从“快乐教育”到“卓越文化”

构建现代小学的主张、思路和探索

赵国弟——著

文匯出版社

目　录

A 定准育人方位:"快乐教育"的主张与实践

C 提升办学品质:"卓越文化"的构想和思维

D 坚定前行方向：从"快乐教育"到"卓越文化"的衔接与延伸

E 办学实践实录

A

定准育人方位：

“快乐教育”的主张与实践

快乐，是一种情绪，一种健康的情绪，一种积极的情绪；是一种一生赖以维系、维持、维护的幸福情绪。

快乐，与内心丰满相关，与外界境遇相联，与认知体验相衔。

快乐一生，是人的需求和期盼；一生快乐，是教育的给予和福祉。

教育，就是在快乐上行走；办学，就是在快乐上舞步。

以快乐为起点，以幸福为终点的教育，是阳光的教育，是优质的办学。

在“快乐教育”的征途上，我们一路飞奔，一路享受，一路风光。

快乐，是孩子的天性使然，也是无论老少都想得到的情感，是幸福的象征，且对身心发展、智慧开发、知识学习都有一定的正效应。

《国家中长期教育改革和发展规划纲要（2010—2020年）》明确指出：教育要“注重品行培养，激发学习兴趣，培育健康体魄，养成良好习惯。通过减轻课业负担，保证学生生动活泼学习、健康快乐成长”。

一、快 乐 缘 起

我至今从事教育 39 年，校长经历 29 年，目睹了从 80 后到现在 10 后的学习状态。80 后由于人数多，升学压力大、职业寻求难，导致了教育唯分数、唯升学。而到了 10 后学习的时代，升学压力依然，家长拼命加码，社会全面焦虑，教育出现抢学。小学生少了自由玩耍的时间，似乎“轻松愉快”成了奢侈品。要让“奢侈品”成为“日用品”，我们就要教会孩子发现快乐、寻找快乐、创造快乐的本领，在积极的探索、实践、体验中感受到从不会到会的成就感、勇于克服困难的自信心、互帮互助的合作力。

(一) 审视:“快乐教育”的兴起

几十年前，我们在诟病应试教育时，素质教育浮出水面；几十年后，我们在争议小学生睡眠时间不足时，“宽松教育”披着“快乐教育”的糖衣被人们吹捧；现在，看到日本宽松几十年后的教育现状，我们又开始推翻“快乐教育”的理念……

静心审视“快乐教育”，平心而论，是我们把“快乐”的内涵定义在了“轻松愉快”，平白无故地多了“轻松”两字，那“快乐教育”的概念便成了“宽松教育”。这和我们中国人的“生于忧患，死于安乐”“十年寒窗苦读”等教育理念大相径庭，也导致了“快乐教育”的水土不服。

1. 现象：样样都精通的“负”

如果大家对当下小学生学习负担重的印象仅停留在课余生活被语数英的补习班所占领，那可以说你已经跟不上现实的步伐了。现在的一些家长在学前教育上，已经把孩子的年段由上学前提前至上幼儿园前。从幼儿园起，大大小小的孩子们奔波于各类教育培训机构，或是感统训练，或是蒙氏教育，或是英语外教，或是音体美全面熏陶……一派热闹的教育景象。

作为教育者，看到此番情景，不禁自问：“孩子们怎么做才能在这现实的忙碌中得到快乐？”也许，很多人会责怪社会、调笑父母的“鸡血”，其实这背后蕴含着的是中国人对教育事业的热情。我相信，似乎没有一个国家、没有一个地区会像我们这样，在孩子的教育上如此费精力、花工夫。

几千年的“科举”，世人毫不留情地为中国的教育贴上了“应试教育”的标签。“好面子”的中国人拼命地想要撕掉这个标签，素质教育便应运而生，这样也就有了孩子们在各类教育机构穿梭的情景，当然，这是不是素质教育值得商榷。这种学习的负担也就是样样都要精通的精英教育的“负”。

有趣的是，我发现有一部分孩子面对这样的“负”还甘之如饴，甚至还主动让家长帮他们把行程安排得再满一点。此情此景，我便再次对“快乐教育”的内涵进行了一番思考。如今样样精通的“负”涵盖了德智体美劳的方方面面，细细推敲，这和讲求素质修养的“快乐教育”并不违背。

2. 引荐：国外不一样的"景"

中国人在一个问题上难觅出路时，总会想到一技——"师夷长技以制夷"。既然我们先辈的"十年寒窗"走不通，我们就去海外"取经"。

从发达国家的中小学课程设置来看：

英国基础教育阶段的国家课程为12门：英语、数学、科学、设计和技术、信息和交流技术、历史、地理、现代外语、艺术和设计、音乐、体育、公民。在这12门课之外，学校还有义务对学生进行人格培养、社会性的养成、健康教育、升学与就业指导等。此外，社区活动、劳动体验等活动课程也纳入学校课程体系。

日本的课程改革突出设立综合学习时间，国家不规定其具体内容，而由各学校创造性地组织跨学科的学习活动，例如自然体验、社会参观、制作与生产活动等。小学以综合课程为主，初中压缩必修课内容和课时，扩大选修学科，鼓励学校创造有特色的课程。

美国是一个典型的教育地方分权国家，各州都有自己的课程标准及相应的课程设置，但各州课程标准都包括4门核心学术科目：英语、数学、科学和社会。

世界对于教育的价值取向是大同小异的，文化认同的各异产生了各国对孩子教育的不同方式。比如，阶级固化的英美这些国家，他们每个阶级对于孩子的教育所持的态度不一样，普世教育轻松简单，精英教育广博深远，所以"鸡血"妈妈和牛娃都是部分有闲阶级的产物，不影响整个教育走向。与中国一水之隔的日本，和中国一样深受儒家文化的影响，为了摆脱"应试"文化，为了培养出德智体美劳全面发展的创新型人才，1982年，日本政府开始实施"宽松教育"，推行教育"减负"。出生于1987年—1995年在日本"宽松教育"政策下成长起来的第一代人被日本社会称作“宽松一代”。日本社会对“宽松一代”最普遍的看法与评价就是:“没有野心,没有竞争意识,没有协调性。真是垮掉的一代啊!”“宽松教育”带来的问题,逐渐引起整个日本社会对教育“减负”的反思。

3. 态度:国内众说纷纭的“杂”

在国内,尤其是北上广深等经济较为发达的地区,每个家长都想自己的孩子在学习上胜人一筹,在教育上能给孩子最好的,绝不将就,一家子在孩子的学习上愿挤时间敢花工夫。也就是,我们把国外精英教育的理念变成了普世教育的内容。

再者,当我们看到欧美精英教育的重负和日本“宽松教育”的后果,极具忧患意识的我们就开始批判尚未流行几年的“快乐教育”了。有些人认为日本的“宽松教育”就是前车之鉴,学生的学习不能散漫,更不能怠慢。有些人认为这种全面发展的素质教育是压垮“寒门”的“最后一根稻草”,穷人家的孩子难以出“贵子”。还有些人认为“减负”的口号越响,培养孩子成才的精力和财力就花得越多……

“快乐教育”在众说纷纭中,就成了“替罪羔羊”,被人们所诟病。然而,“快乐教育”的内涵是什么,它真的就是“宽松教育”吗?它真的是“宽松一代”的“罪魁祸首”吗?也许,我们要对其内涵进行一次“盘整”与“校对”。

(二)正视:“快乐教育”的内涵

一提“快乐”,人们的第一反应就是“轻松、愉悦”,“愉悦”不假,但“轻松”就是过度理解了,久而久之,“快乐”成了“安逸享受”的代名词。

大多数人都将"快乐教育"理解为：孩子们轻轻松松学习，家长们也是轻轻松松不参与孩子的教育，老师更是轻轻松松什么都不教，一派"你好我好大家好"的和乐景象。

其实，但凡有一点思考能力的人都明白，这是误解了"快乐教育"。我们现在要做的就是摘下看待"快乐教育"的有色眼镜，正视它的内涵。

1. 概念简释：快乐与教育

"快乐"在辞典中的释义就是"感到幸福、满足"，它就是一种心情和感受，是一个很抽象笼统的概念。"快乐"从生物学角度解释就是：人身体中产生了多巴胺。德国哲学家康德认为："快乐是我们的需求得到了满足。"

是什么让人感到幸福满足？其中的内因外因很多，低层次的口腹之欲，高层次的成就感等都能让人有幸福感和满足感，只是这感受的深度和长度不一。"快乐教育"中的"快乐"也是一种情感世界的综合感受，是一种积极向上的情绪。

"教育"狭义上指专门组织的学校教育；广义上指影响人的身心发展的社会实践活动。"教育"一词来源于孟子的"得天下英才而教育之"。拉丁语"educare"是西方"教育"一词的来源，意思是"引出"。

显然，孩子的成长离不开家庭、学校和社会，由于研究时间等的局限性，本书中为狭义的教育概念，指学校中组织的影响学生身心发展的实践活动。

2. 研究概要：国外与国内

西方伦理学史上，快乐主义源远流长、影响广泛。其理论源于古希腊哲学家德谟克利特的道德哲学，后来经伊壁鸠鲁的阐发，形成伊壁鸠鲁主义，使快乐主义思想更加完善并对后世产生深远的影响。亚里士多德和苏格拉底等古希腊的哲学先知，皆对“快乐”有所阐述。16 世纪的托马斯·莫尔及 19 世纪的边沁，皆传承伊壁鸠鲁的快乐主义伦理学。快乐主义以感觉经验为基础，以追求快乐避免苦楚为最终目标，把快乐作为“善”的基本实践方式。①

马克思、恩格斯认为快乐是幸福的基础，幸福建立于快乐之上，而快乐又源于实践。以此形成的幸福观立足于社会生产实践，把个体幸福与集体幸福统一起来，把自我实现与人类命运联系起来，并将人类幸福诉诸最高的个性自由和解放。马克思主义幸福观指引下的实践快乐主义是将快乐的自然属性和社会属性辩证统一的社会生产实践。马克思认为：“任何人如果不同时为了自己的某种需要和为了这种需要的器官而做事，他就什么也不能做。”

另外，从西方教育思想发展史上看，“快乐教育”来自西方自然主义教育流派。其代表人物亚里士多德、夸美纽斯、卢梭、福禄培尔、斯宾塞、杜威等在探索自然主义教育思想的过程中，构建了比较系统的愉快教育思想。

到了 19 世纪，英国教育学家赫伯特·斯宾塞在《斯宾塞的快乐教育》一书中，针对传统的灌输式教育和无视学生身心发展规律的教育方式，提出了快乐和兴趣教育，认为激发学习者兴趣，激励学习者自主学习的行为，使学习具有快乐的价值，是学生学习动力的来源，这样的教育效率最高。斯宾塞的快乐教育方法和手段主要包括：培养孩子的快乐性格，利用孩子的兴趣引导孩子快乐学习，培养孩子的积极心态，激发孩子的自信心，培养孩子的良好习惯，培养孩子的道德、意志和品质，

① 参见牛京辉：《从快乐主义到幸福主义》，载《湖南社会科学》，2002 年第 6 期；麦耀劲：《对快乐主义的认识》，载《湖北第二师范学院学报》，2008 年第 9 期。

快乐教育开发孩子的智力，利用大自然让孩子得到快乐的自然教育以及培养孩子自我教育的能力，等等。

国内，关于"乐学"的思想，孔子在他的教育思想中已有体现。《论语》开篇就有对快乐教育的认识："学而时习之，不亦说乎？"揭示了学习过程本身应该充满乐趣而让学生从中获得情感的满足。孔子这时已经认识到学习者的兴趣和爱好对学习效果有着不同程度的影响，并将"乐学"作为治学的最高境界："知之者不如好之者，好之者不如乐之者"。

国内结合西方"快乐教育"理论的实践研究，要追溯到 20 世纪 80 年代初。

上海一师附小的倪谷音校长带领她的团队，针对传统教育观念和单纯升学教育带来的弊端，从学生们的立场出发，开始了"愉快教育"整体实验探索，并形成了"愉快教育"的理论。"教孩子五年，为他们想五十年，为国家民族想五百年"，这是"愉快教育"的核心思想，也是附小办学的座右铭。它是附小的办学灵魂和思想精粹，也是学校的教育生命和特色风貌，更是留给学生的成长快乐和发展幸福。经过整个 20 世纪 80 年代的实践，"愉快教育"明确了四要素：爱、美、兴趣、创造；四原则：实、广、活、新；四目标：美好的心灵、健康的体魄、聪明的才干、活泼的个性。至此，"愉快教育"的办学观、教学观、学生观进一步清晰。可以说，"愉快教育"是教育者坚持正确的教育思想，正确运用适应儿童年龄特点的教育方法和教育手段，创设生动、活泼、和谐的教育氛围，激发学生的情趣，唤起学生自主性、能动性和创造性，使他们以最佳的精神状态自觉地参与各种教育活动，从而在德、智、体、美、劳诸方面得到全面、主动、充分、和谐发展的教育。"愉快教育"努力寻找的就是能促进儿童主动地、快乐地、全面地、生动地成长的规律，让他们愉快地学习、愉快地活动、愉快地生活、愉快地成长，从而成为学习的主人。以

“愉快教育”的思想构建的教育模式，是从整体上对小学教育的改革，使其从“应试教育”的枷锁中解放出来。

20世纪90年代，南京市琅琊路小学等全国七所学校在国家教委的指导下，进行了“愉快教育”的实验。南京市琅琊路小学在近十年里把“小主人教育”和“快乐教育”整合在一起，形成了“快乐做主人”的教育模式。

20世纪末21世纪初，“快乐教育”在我国教育学领域被较为广泛地实践与研究，尤其是成为小学教育改革和育人方式改变的风向标。

3. 认知理解：主张与实践

斯宾塞的“快乐教育”与倪谷音的“愉快教育”，核心应该是一致的，都强调了给受教育者创造快乐学习的良好氛围，让受教育者带着快乐的心情，在快乐的氛围中学习，有助于儿童的发展。两者都从情感入手，但前者更关注受教育者，后者既强调受教育者，也强调教育者在“愉快教育”中的作用。在两位先贤的研究基础上，结合时代和地域的特点，我对“快乐教育”又做了一次定义。

20世纪末21世纪初，不少学校都在推行“快乐教育”。彼时，我在浦东大桥小学、育童小学和洋泾实验小学任校长期间，也在教育教学改革的实践与研究中，形成了“以学生发展为本，教育好每一位儿童，让每一位儿童都在自信、快乐、成功中得到主动发展”的教育理念。2010年，我来到了位于联洋国际化社区的进才实验小学担任校长，确立了学校的发展目标：“要办一所让孩子爱心感恩最多、实践体验最多、学习快乐最多、习惯养成良好，孩子健康快乐成长、全面发展的、没有特色的，学生喜爱、家长放心、社会满意的，浦东、上海乃至全国知名的高质量的素质教育实验小学。”

在这一段话中，也将我的快乐教育观涵盖在了里面。我的"快乐教育"着眼于实践和体验，糅入了孔夫子的"乐学"、斯宾塞的西方自然主义教育思想、马克思恩格斯的辩证唯物主义中的实践快乐主义，还有国内以倪谷音先生为代表的"愉快教育"的实践与研究……

我认为："快乐教育"是站在学生立场上，遵循人的情感特点，以激发学生快乐情绪投入学习和生活的主体教育，也是学校以幸福人生为主轴，通过五育并举的全面实施，以优质教育产生快乐效应的主干教育。简言之，以快乐的点拨与满足，产生教育的愉悦与诗意。

真正的"快乐教育"，是在实践体验中获得的舒畅、赢得的尊重、取得的成绩，具有实在的感觉。不是没有负担的教育，而是应该给孩子、教师创造一种主动自主、有成就感的学习、工作氛围，孩子、教师带着积极向上、愉悦的心情，去努力完成一定的学习、工作任务；并在实践中感受体会到开启尝试、探索的满足感，过程中意志、毅力的支撑感以及成功后收获、体悟的成就感。满足感，是快乐的味觉；支撑感，是快乐的触觉；成就感，是快乐的感觉。"快乐教育"，学校不仅要创造条件，让孩子学会发现和寻找快乐，更要引导激发，让孩子学会创造和加持快乐。同时，"快乐教育"主张：孩子不仅懂得自我的个体快乐，还会营造他人的快乐，更会相助社会的整体快乐。

我倡导的"快乐教育"是：学生在"乐学"的氛围中，通过丰富的课程与实践体验，激发出主动学习、乐于探索的学习兴趣，体验学习与合作的乐趣。形成快乐学习的课堂教学民主的浓郁氛围，让学生养成自主学习、主动探究、善于合作的良好学习习惯，锻造乐观豁达、积极向上的心理素养，能将这样积极的情绪感染他人。学生在"乐活"的创造中，通过热情参与校内外生活，发现生活的乐趣，体验生活的滋味，懂得生活的意义，获得生活的目标，追求生活的价值。

简而言之，“快乐教育”就是让人有从不会到会的成就感，克服困难的自信心，主动学习的积极性，互帮互助的合作力。快乐，不仅是学生的专利，也是教师共享的。快乐不是单向的，是多向的，而是不断发展变化的，是学生、教师、学校、家长共同创造的。

（三）瞭望：“快乐教育”的意义

斯宾塞指出：“教育的目的其实就是让孩子过得幸福快乐，那么在这个教育的过程中，也应该让孩子感到快乐。”孔子也说过：“好之者不如乐之者。”可见，“快乐教育”是合乎教育规律的一项实践研究。

1. 身心：健康成长

从先辈们的研究中我们不难发现，“快乐教育”对教师、学生的健康成长都有益处。“快乐教育”的实践也是建立在脑科学、心理学、生理学的基础上的。

脑科学的研究表明：大脑在完成一个特定任务时，只有一个半球产生优势兴奋中心。在教育过程中，如果只有抽象的、概念式的教育，而缺乏形象生动的情感教育，影响儿童大脑右半球的激活与兴奋，那么必然会压抑，甚至损伤儿童创造才能的发挥。因此，在“快乐教育”的实施过程中，在快乐的氛围中学习，带着快乐的心情学习有助于学生学得更好，更有成就感，进而进一步获得快乐感。

情绪心理学的理论是“快乐教育”的心理学基础，人的心理过程主要包括认知过程和情意过程。认知过程即是对信息的选择和加工的过程，而人的情绪和情感能促进或阻止人的认知过程。在良好情绪的状态下，人的认知过程所表现出来的特征是：思维敏捷、解决问题迅速；

而心境郁闷消极时，则思维凝阻，操作迟缓，不能创造性地解决问题。

情绪生理学认为，当人的情绪体验是积极的、愉快的时候，脑垂体就会使内分泌系统积极活动，肾上腺加速分泌，血糖增加，新陈代谢过程加快，整个神经系统的兴奋水平增强，由此使大脑皮层形成优势兴奋中心，人的情绪处于积极状态，反应灵活，学习和工作的效率较高。可见，"快乐教育"的实施有利于教师与学生以愉快的心情投入教与学之中，从而提高教学的质量与效率。

众多的理论从各自学科出发，得出了同样的结论，"快乐教育"有助于学生的高效学习、身心健康成长。

2. 能力：全面发展

"快乐教育"也是高效贯彻落实党的教育方针，让学生德智体美劳诸方面都得到发展的、"五育"并举的教育；是让学生身心健康、全面发展的教育；是教师教得有效、学生学得高效的教育；是师生、家校共同有效成长的教育。

"快乐教育"是培养和促进学生全面发展的重要手段和有效途径之一。教师在充分利用课堂教学时，把握"快乐教育"、弘扬赏识教育，进一步推动课程改革的深入推进，促进学生全面发展、全面创新、全面成才。

小学阶段的学生处于身心发展的关键时期，由于其年龄特征和认知特点，使得他们对课堂学习活动开展的性质和意义缺乏正确的认识，对课堂活动的目的性、坚持性等的认识也比较片面、浅显，但是他们却有天真、自信的特征，甚至会异想天开、天马行空。在此种情况下，枯燥乏味的学习势必导致学生产生厌学情绪，而快乐学习则能够帮助学生激发学习兴趣，促进全面发展。

3. 体悟：幸福人生

教育的功用主要有两点：一是向下一代传授知识和经验；二是向下一代提出发展要求。人类在征服自然的过程中已经形成的生产劳动和社会生活的知识和经验，如生存能力、道德规范、风俗习惯，是下一代获得幸福的基本条件；而上一代的理想和追求，则指向了人类更大的幸福追求。从这个意义上讲，幸福不是生来就有的，只有通过教育，人类才能获得更大的幸福。当代伦理学认为：“幸福是人们在一定物质和精神生活中出于感受或意识到自己预定的目标和理想的实现或接近而引起的一种内心的满足。”

苏霍姆林斯基很早就提出：“在教学大纲和教科书中，规定了给予学生各种知识，但却没有给予学生最重要的东西，这就是：幸福。理想的教育是：培养真正的人，让每一个从自己手里培养出来的人都能幸福地度过一生。这就是教育应追求的恒久性、终极性价值。”前文提到，快乐是幸福的基础，快乐需要实践，“快乐教育”是教会人们发现快乐、寻找快乐和创造快乐的本领，就是让人有从不会到会的成就感，克服困难的自信心，主动学习的积极性，互帮互助的合作力。

这就需要我们正视快乐与困难之间的关系。在我们中国人眼中，学习向来有“知之者不如好之者，好之者不如乐之者”和“书山有路勤为径，学海无涯苦作舟”的辩证统一。我们认为学习要耐得住寂寞，吃得起苦，最高境界就是在其中发现和寻找快乐。“苦”与“乐”看似是相对的，但它们却很巧妙地融合在教育中。“快乐教育”中也有“苦”，这“苦”是我们学习与生活中面对的“困苦”，也是我们去克服困难时的“吃得起苦”。双重的“苦”使“快乐教育”的内涵丰润了起来，它不是着眼于低层面的愉悦，而是放眼于通过自己努力获取的成就感和摆脱困难而找到的自信心，是更为深层次的获得满足后的幸福感受。"快乐教育"尊重个体的健康成长和全面发展，除了德智体美劳的全面发展，还包含了人的逆商培养，其指向受教育者的幸福人生，"快乐教育"就是要培养能够创造幸福、享用幸福的人。

二、快乐践行

“快乐教育”的实施是一个全面而系统的工作，从教育思想的提升，到学校文化的塑造；从管理理念的转变，到儿童化学习环境的营造；从学生主动自主学习方式的培养，到教师教育理念和教育方式的改进；从丰富的课程建设，到多元评价的建立，都必须围绕这个主题去展开，才会收到更好的效果。

学校便是“快乐教育”的主阵地；教师则是“快乐教育”的传递者；课程就是“快乐教育”的助推力。因此，在进才实验小学10多年的成长历程中，我们明确了“为每个学生的卓越发展服务”的办学理念，提出了“以学生发展为本，教育好每一位学生，让每一位学生都在自信、负责、文明、快乐、成功中得到主动发展”的教育理念，倡导“全心全意为学生服务、全心全意为家长服务、全心全意为社会服务”的教育服务宗旨，确立了“乐、健、和、实”的校训。

（一）学校:“快乐教育”的主阵地

校长的办学思想，只有成为全校教师、全体学生家长的共同愿景，这种思想和理念才会真正产生重大的作用，也才能够得到最有效的全面准确的落实。因此，校长必须通过各种途径不断传播自己的思想，必须主动将自己的观念解释给教师、家长听,并征询教师和家长的意见和建议,使之成为全校师生和家长的共同愿景。学校可以说是快乐教育的主阵地。

1. 环境:和谐的快乐氛围

快乐,需要气氛营造,环境创造。景观,是用一定的具象和形象表达某种情绪,也可用来让人由此产生某种特定的情绪。快乐的景观,是激发师生快乐情绪的“喷水池”。

富有童心的教育环境的营造,让学生为本成为一种共识,营造符合童心,充满童趣、儿童喜欢,快乐为重的教育氛围。环境的营造必须符合学生的年龄特点,小学应该是带有童趣的,教室的布置、校园文化的建设、教育设施的改造,都应该以儿童为本,给孩子创造快乐的学习氛围。

温馨教室色彩分年级不同,教室里的图书柜、黑板报、展示板等都有童趣。校园文化中儿童化的规范提示画,楼梯上引导靠右走的小脚丫。学校中央大厅里的“胸怀祖国,放眼世界”,小脚丫走遍大世界的宣传版面,静态的世界地图与中国地图,师生到过的国家贴有中国国旗,到过的国内省份,贴有我校的校标;旁边还有两台多媒体滚动播出世界各地、祖国各地的名胜,让学生在自由轻松的环境中了解世界、中国地理,感受世界、中国文化。坐落在C楼走道的“海洋世界”,模拟海洋环境,栩栩如生,缤纷灿烂。位于校门口左侧的“苏州小园林”,小桥流水,亭子花廊,水池锦鲤欢腾,格外吸引孩子。花坛外圈的彩虹凳又是一道风景,孩子可以在这里休息,还能帮助他们养成爱护花草的好习惯。

2. 育人:先行的快乐理念

“快乐教育”指向育人,是在教育中有快乐,快乐中有成长,快乐是表征，教育的底气，成长是归属。

让主动与自主成为一种学习主流，形成主动参与、自主学习、合作探究、相互分享的快乐育人理念。

今天的教育不光要让孩子学会并掌握知识，还要让他们养成主动学习、自主学习的良好习惯。主动学习有利于发挥学生学习的主观能动性，激发学生的学习潜能。自主学习有利于培养学生的学习能力。所以，近几年来，我提出以学生为本，就应该：“将学习、将课堂还给孩子，让孩子成为学习的主人、课堂的主人，让孩子真正学会学习。”

同时，我认为每个孩子都是不一样的，其智力、学习力、文化基础、兴趣爱好、性格，每一个都是非常独特的。划一的、被动的学习，无法激发孩子的学习兴趣，也不能满足孩子的发展需求，孩子的学习快乐就无从谈起。因此，我们要激发学生学习的兴趣，给学生创造自主学习的学习机会，让学生都能结合自己的实际，主动在自己“最近发展区”自主学习发展。正如斯宾塞所说：“孩子，你成长的过程就是不断解决问题的过程，当你依靠自己的力量解决了这些难题，你也能从中体会到成长的乐趣。”

我们对“全面发展”要有一个准确的认识，“全面发展”不等于每一个孩子的每一方面都得到最好的发展，这既不可能，也没必要。所谓“全面发展”，就是说，不能以智育取代一切，孩子必须参加学校的所有课程和活动，而教师则根据学生的天赋和努力程度，确定培养的策略。这样就达到既不让孩子美好的童年时光任意流失，孩子的天性和爱好不至于被扼杀，孩子又有更多的时间去发展自己的长处，去关注艺术，去学会健身，去学习劳动。所以我认为，办学要办全面发展之学校，育人要育个性鲜明之学生。学生对自己的学习也可以有一定的选择、决定的权利。我们积极探索“主动参与、自主学习、合作探究、相互分享”的育人理念。

3. 师生：融洽的快乐关系

"快乐教育"在校园实施，关键在于教师与学生的关系质度和互存信度，同样，"快乐教育"最终产生的效果也在师生中呈现，因此，师生关系就可能影响"快乐教育"的能见度。

融洽的师生关系是"快乐教育"实施的基石，源于信任。让信任与辅助成为一种教学自觉，形成严格要求，尊重差异，平等相待，教学相长的民主教学文化，造就融洽的师生关系。教师是实施"快乐教育"的核心力量。进才实验小学单列办学以来，始终坚持以学生为主体的教学原则，教师和学生之间建立了一种平等和相互信任的关系，教师是学生自主学习的导引者和陪伴者，从而形成具有进才特色的民主教学文化。正如《基础教育课程改革纲要》要求的："教学应在师生平等对话中进行，平等是民主最重要的组成部分，也是教学民主不可或缺的主要部分。"

根据师生都认同的"快乐教育"共同愿景，首先就要提升教师的民主教学意识，改变传统教学中教师一成不变的主导地位，满堂灌的教学形式，改变学生死记硬背的学习方式。把课堂真正还给学生，使学生真正成为学习的主人。那么教师就要信任学生，我们的角色就是要成为学生学习的支持者。我们常说：教是为了不教，学是为了会学，我们的教就是为了让学生自己会学，因此，不仅要帮助学生掌握知识与技能，同时更要让每个学生学会学习知识与技能的能力，这样的学习一定是建立在学生自己更多的实践体验的基础之上的，这样学生才会学习。

（二）教师："快乐教育"的传递者

在"快乐教育"中，教师处于主导地位，其快乐指数影响着学生的快乐份额。教师的健康、积极、快乐，是向学生传导的正面情绪，也是快乐传递的关键环节。

教师乃立校之本，兴校之源，让每一位教师发展好，让每一位教师幸福工作，才有“快乐教育”，才有每一位学生的快乐学习和健康成长。教师乃是“快乐教育”的传递者。

1. 理念：先行的快乐使者

要使“快乐教育”从理想化为现实，从愿景成为真实，快乐的理念起着激发、支撑的作用。可以说，没有快乐的教育思想和理念，快乐有可能变成“玩偶”，甚至成为某些人的“专利”。因此，教师必须将“快乐教育”作为一种教育理念，而不是简单的恩赐。

教师是学校最宝贵的资源，教师专业发展的质量与水平，直接决定着学校的办学质量和绩效。因此，培育一支最好的师资队伍，是“最好的”教育永恒追求的目标。在我近 30 年的校长生涯中，学校管理工作中最重要的任务，就是为学校的可持续发展建设一支高素质的师资队伍。有人说：“振兴国家和民族的希望在于教育，振兴教育的希望在于教师。”

教师心中也应将“快乐教育”的理念生根发芽。“天行健，君子以自强不息。”千年前先哲已为我们道出人生的追求。在泱泱华夏几千年的历史积淀与文化传承中，“自强”的向上品质从未被泯灭。人，生来是向上的，无论是孔孟的成仁取义，还是李耳的无为而治，追逐的皆是自身的进化。人，生来的不完美与追求完美的天性，造就了我们与生俱来的向上天性。

我们教师就是这先行的快乐者，在把这“自强”的自信和成就感传递给学生前，教师就要激起内心的向上力。教师是文化人，自有文化人的意识,诚然其骨子里蕴含着向上的自觉,却也须将其激活,方能成为上进的内在动力源。因此,在教师队伍的建设中,要有目的性地拓宽其眼界,提高其自身的人文素养,方能成为先行的快乐使者。

2. 传道:变革的教学形式

“快乐教育”的快乐成分,不是空洞的发呆,也不是任意的想象,而是蕴含其中的道理让人产生进步和见识的愉悦。人道、正道、术道等,应当成为快乐传递的元素。

充分发挥学生的主体性,让他们在学习中获得成就感,就要让学生自己管理自己,自己教育自己,在实践锻炼中提升能力,感受到成功和自立的快乐。我校少先队组织、班级的中队组织,实施以学生为主的管理机制。从一年级起所有的不同层次的小干部选拔、评优都实行竞聘制,培养学生积极主动的参与意识、胜负的家常意识。学校行为规范巡查员,班级的十大自主管理员,入团、入队小辅导员等,无不体现学生的自主管理。

这就需要教师切实转变教学观念。一是,要激励学生自主学习,鼓励学生探究和分享,并及时肯定学生自主探究取得的点滴成果;二是,教师要善于做学生学习的陪伴者、共同学习的参与者,使学生享受自主学习的快乐;三是,要尊重学生客观的差异,包括智商、兴趣点和学习能力的客观差异,通过个性化的引导,使处于不同“最近发展区”的学生,都能够在原有的基础上获得成长与发展;四是,要耐心等待学习困难学生的进步,变批评为启发和鼓励,通过分层指导,推进学生的整体进步。

因此,在教学中我们既要信任、辅助学生,还要严格要求学生、尊重学生,尤其要尊重学生的差异,在教学中因材施教,在教学中发扬民主,鼓励学生大胆提出自己的问题,敢于和老师辩论;在班级管理中,多听取学生的意见，要让学生成为班级、学校的小当家。自觉形成严格要求、尊重差异、平等相待、教学相长的民主教学文化，给学生创造快乐的学习场景。

到进才实验小学不久，我就提出要在学校大胆地进行教育教学改革，改变目前基础教育“重知识轻能力，重学会轻会学，重学习轻实践，重教师教轻学生学”等现状。要提高学生的学习能力，丰富孩子的学习经历，改变教师的教学行为，激发学生的学习兴趣，重视学生核心素养的培养，在减轻学生学习负担、减轻教师教学负担中提高教学质量。因此，开展了一系列的教学改革实践。

如“学习任务单”式教学模式的探究。我们还在每节课前实施“课前两分钟微课”，我们还实行了“好读书、善表达、写好字”的大语文观。

信任学生，两分钟微课程孩子自己准备；课堂上，学生有了更多的自主学习、合作探究的时间；任务单式的教学模式，教师带着信任，将主角让给了学生，教师做辅助；分层要求，分层作业，充分考虑学生的差异性。上课时循循善诱、善于倾听、体谅学生、宽容学生成为大多数教师的自觉行为。课堂气氛融洽了，师生关系和谐了，教育更有效了，培育了“让信任与辅助成为一种教学自觉，形成严格要求，尊重差异，平等相待，教学相长的民主教学文化”。

3. 发展：持续的向上精神

教师的发展，本身就是快乐的来源之一，“快乐教育”水涨船高，取决于教师师德师能的全面发展。这种发展越充分、越彻底，实施“快乐教育”的能量就越大。

教师专业发展是一项系统工程，既要通过各种举措促进专业发展，也要注重人文关怀，让教师的进取心长久保鲜。为此，我校在加强制度管理的同时，实施了"有事请假记账制、教师生日祝贺制、慰问教师家访制、评定职称帮助制、学校资源共享制"等举措，营造了和谐向上的正能量生态环境，让教师有归属感、安全感、认同感、成就感、幸福感，激发教师不断发展的进取心。

向上的精神能站得住脚，要将"自强不息"的理念在学校的日常工作中"扎根、树魂"。教师的向上发展在校本研修与课程建设中显现，也需要学校有针对性、梯队化地培养。我认为校本研修是提高教师教育教学能力的又一个有效途径。学校要建设成有利于教师专业发展的学习型组织，就必须创设一切便利条件，充分发挥教师个体创造力和教师群体合作力，形成一种弥漫于整个组织的学习氛围，并凭借着群体间持续不断的互动学习与实践，使个体价值与群体绩效得以最大限度的显现。

例如，在我校，我们主要通过骨干教师的引领和示范辐射，形成"区—署—校"骨干教师三级梯队。同时，建立骨干教师评议制度，对骨干教师实行动态管理。我们规定，骨干教师每学期集中在一个月内人人开设一次展示课，带动全体学科教师聚焦课堂教学，研究提升教学质量的方法与措施。我们还通过区内的教学联合体，与大团小学一起开展英语、语文、体育三门课的联合教研活动。

我校还建立了教师课题申报制度，每个教师每年都要参与一个自课题研究，每年进行一次论文评比。通过上述研修活动，极大地加快了教师专业发展的步伐，有力地促进了教师的专业成长与成熟。

我校不仅确立了"科研强教"的办学策略和"求真务实，研以致用"的教科研准则，大力营造"人人都是研究者"的教科研氛围，而且校领导率先垂范，引领教师在教育科研中提升自己的专业水平和教书育人能力。我校的教师们善于在繁忙的教育教学工作之余，加强教育理论和科研方法的学习、钻研，并养成了从身边的教育教学现象中发现、提炼课题，在实践中研究课题、解决问题的良好习惯。

（三）课程："快乐教育"的助推力

"快乐教育"在校内的实施，最基本的载体就是课程。要让课程产生快乐的细胞，如何设置和如何实施是非常关键的。可以说，课程是"快乐教育"的枢纽。

课程，不仅是学校教育思想、办学理念的重要见证，也是学校育人的重要载体，还是学校内涵发展、教师专业化成长的主要依托，更是学生提高素质、增进能力的关键平台。要让全面与多元成为一种课程原则，形成自主选择、多次尝试、满足自我、发展个性的校本课程文化。

1. 设置：实际而丰富

在"快乐教育"实施中，要考虑课程与快乐、教育的匹配。

借助课程的实施，全面高效落实国家课程。通过自主开发、引进购买等，我校实施了100多门校本课程。特别是艺术（管弦乐、芭蕾、民族舞、民族鼓、葫芦丝、口琴、合唱、戏剧表演、摩登舞、茶艺、国画、剪纸、儿童画、书法等）、体育（马术、高尔夫、网球、足球、乒乓球、羽毛球、击剑、篮球、毽球、花样跳绳、跆拳道、武术）、科技方面引入了20多门课程。"快乐教育，快乐学习"离不开课程的沃土，全面、多元的课程给予学生更丰富多彩的学习体验；课程的全面而多元，给学生自主选择、多次尝试、满足自我、发展个性的机会。

我校拓展型课程，以限定拓展型课程专题教育课程（仪式教育课程、阳光体育课程、学科拓展课程、社会实践课程、校园节日课程、专题活动课程)、自主拓展型课程(艺术与人文课程、语言与思维课程、运动与健康课程、科技与创新课程)，构建校本课程体系，开设各类社团及兴趣课108门，以此来确保学生100%参与，不断满足学生的需求。

我曾提出要办没有特色的学校，丰富的课程是重要的保障。丰富的课程的实施，我提出"普及在课堂，提高在拓展，专业在社团、俱乐部"的课程实施理念。在全面提高校本课程质量的基础上，多项目、多渠道、多层次，整体谋划全方位地推进学校的校本课程，激发每位学生学习兴趣，帮助每位学生养成良好的学习习惯，激活每位学生的潜能，让每一位学生学会一定的技能。音乐课将葫芦丝纳入学习内容，从二年级起每个孩子学习，每年的新年音乐会、六一节、艺术节会演最后一个节目就是全场齐奏葫芦丝乐曲，阵势令学生、教师、与会的其他人都感到非常震撼。学校还将茶艺、水墨画、儿童画、足球、篮球、乒乓球、羽毛球、跆拳道等内容纳入课表，在不同年级实施教学，让每个孩子都有学习尝试的机会，乒乓球、足球聘请校外专职教练任课，提高训练水平。

2. 落实：实践和体验

"快乐教育"注重从体验中获得，从实践中取得。

社会实践活动在学生成长过程中，对培养他们正确的世界观、人生观、价值观有着极其重要的作用。因此，我们还十分重视社会实践课程的开发与实施。每学期除了春秋游以外，还要组织走进博物馆、企业等社会实践活动，形成了基于"快乐成长"社会实践活动的"六大"主题模块，分别为：爱国主义、艺术人文、科普环保、法制安全、企业文化、社会服务。根据每个主题模块的德育目标，我们设立了一些固定的实践基地，选择了适切的活动内容，设计了活动方案和学习任务单等，并向学生推荐有个性、有创意的活动场馆。

如“我快乐着，我成长着”的校级系列课程，为所有年级的学生在每学年安排一项重大的活动，即一年级的“入团仪式”、二年级的“入队仪式”、三年级的“十岁生日”、四年级的“绿色有约夏令营”、五年级的“毕业之旅”。此外，我们每年的“四节一会”、国内外的各种交流活动，都让学生有了更多实践体验的机会，让学生在实践中学会做人、学会做事、学会感恩，享受成长的愉悦和学习的欢乐。丰富多彩的平台，为学生的全面发展提供了可能。丰富的校本化实施课程，有效地激发了学生学习积极性，提高了学习质量，进才实验小学的教学质量在短短的几年里跃居全区前列。

课程落实的过程中，我们形成了自主与多元的评价机制，师生共同参与、尊重客观、定性为主、不断激励的评价文化。评价对被评价者具有一种激发动机、鼓舞斗志、使人产生内在驱动力以朝着所期望的目标前进的功效与能力，积极良好的评价是学生前进的动力。发挥评价的激励功能，对于促进学生生动活泼、健康地成长有着重要的现实意义。我校建立了科学的评价制度，激励学生，使其收获自信与快乐。

近年来，我校推进“等第制”评价的同时，还根据不同年级学生的身心发展加以细化。对低年级，我们采用“金星、银星、铜星”对学生进行“等第制”评价，对高年级，我们采用“优秀、良好、合格、须努力”对学生进行评价，保护学生的自尊心，提高学生学习的积极性，并利用好《学生成长手册》加强对学生学习的过程性评价，以等第与评语相结合的方式对学生进行综合性评价，切实发挥评价促进学生发展的作用。学校还建立特殊学生档案，对特殊学生另外制定考核及评价标准，争取让每一个孩子都能在成功体验中快乐地成长。

除对学生的学习评价外，我校的评价机制更是多种途径、多种形式，力求评价的过程性、综合性和多元性，激发学生学习的兴趣，激活学生的成就感。每学年的"十大星光少年"评选，让不同特长的学生都有了崭露锋芒的机会，从自荐到班级评选，再到年级评选，最后全校评选，每个环节皆由师生共同参与完成评价。班级十大自主管理员的自荐与参选，让学生对自己、对同学有了新的认识与评价，看到了自己的优点与不足，欣赏了同学的风采……这种参与评价与被评价的机会，让学生体会到民主与平等，正面激励着他们，结果不再是唯一的标准，过程却是那么真实与快乐。

学校多元的评价方式让学生们收获更多的自信与成就感，评价需要指向对学生的激励，少些浮躁的急功近利，它并非简单的"优、良、合格"。

3. 改进：顺时而远瞻

"快乐教育"主张通过不断与学生成长对焦、校正，来精准教育的实施。

教育现代化的时代背景下，我们需要的是会学习、会探索、会合作的人才。我校在课堂实践的过程中，对课程的教育教学进行了一系列的改革。

（1）实践"学习任务单"式的教学模式，让每个学生学会自主学习。"学习任务单"式教学模式的探究，将原先的提问、讲解，变成每一个学生学习的任务，学生通过自主学习，合作探究完成学习任务。"学习任务单"已成为我校课堂教学必需品，"学习任务单"改变了教师的教学行为，教师成了课堂的组织者、参与者、指导者。"学习任务单"也改变了学生的学习行为，学生不再是观众、听众，而是真正的课堂的主人、学习的主人。学生的学习能力、学习质量都得到了提高，学生自主学习、合作探究的核心学习素养得到了培养。

(2) 实施了"课前两分钟微课",给每个学生创造锻炼展示的机会。"课前两分钟微课程"是指每节课开始后,拿出2分钟左右的时间,给学生提供一个对自主学习的成果进行展示、练习的舞台。语文每节课前安排一位学生演讲;数学进行计算训练;英语进行听、说、演;品德与社会则进行新闻播报;艺术、体育课进行技艺展示,以及名作、名家、运动规则等介绍;自然学科介绍科学、科技项目或学生自己研究的内容。这两分钟真正是学生的课堂,拓展了学生的视野,培养了学生主动学习、自主探究、自我表现的能力。在教师头脑中,更深地植入了学生为本的理念,此时,改变了教师的角色,教师成了观众,成了策划者、监督者。学生在展示表演中获得成功的快乐。

(3) 实行"好读书、善表达、写好字"的大语文观,成就每一个学生。语文是一门基础课程,它承担着许多的教育任务。但培养学生良好的阅读习惯,善于表达的能力以及写一手漂亮的中国字,我觉得更是语文教学的重要任务。为培养学生良好的阅读习惯,学校在每一个班级内放一个书橱,放200本书,建立一个小小图书馆,学生每天早晨到校的第一件事,就是坐在座位上安安静静看课外书,培养学生良好的阅读习惯,提高学生的阅读量,并对语文课堂教学进行改革,强调每一篇课文都是学习的载体,因此,语文教师一定要坚持"用教材"教,而不是"教教材",把每一篇课文都当成训练的载体。为强化语文的听说读写,更要关注表达,要关注训练等语文教学的改革。每节语文课前的演讲,每个年级的写字训练都有效落实善表达、写好字的大语文观。这些改革促进了教师教育理念的提升,促进了教师教学行为的改变,也促进了教师的专业发展。

(4) 实行"作业超市",满足不同层次学生的发展。作业的划一,成为教育的一种自然状态。其实每个学生的基础不一样,同样的作业要求,好的同学无法满足,困难的同学无法完成,前者因得不到进一步发展而不快乐,后者,则在更多的失败中,不断受伤,不仅没有快乐,更没有自信心,只有自卑感。因此在作业设计上,我们推行“超市作业”,有必做题,更有选做题,满足不同层次学生的学习需求,让不同层次的学生都得到发展,都获得成功的快乐。

三、快 乐 启 思

我的小学教育观就是倡导“快乐教育”，让每一个孩子拥有幸福的童年，让每一个孩子主动学习，乐于探究，善于合作，身心健康，快乐成长，全面发展；让每一个老师幸福工作，积极乐观、巧于施教，民主和谐，勇于进取，成就自我；让学校和谐向上，充满活力，创新实践，走向卓越，成为师生成长的乐园。

在进才实验小学办学的十多年里，我们确立了“快乐教育”的教育思想，并使之成为全校师生和家长共同认可的、引领学校各项工作的教育思想。将“快乐教育”融入学校的文化之中。学校一切工作围绕学生，为学生营造快乐学习的氛围，给学生创造感受快乐、创造快乐的机会，让学生在快乐中不断健康成长，全面发展，走向卓越；让教师幸福工作。

（一）收获：“快乐教育”的果实

1. 成果：外显的荣誉

十多年的办学之路中，我校以“全面育人，促进学生健康快乐成长”的发展规划为引领，团结一致，齐心协力，为达成规划目标献计献策，取得了骄人成绩。学生健康快乐成长，教师专业素养得到有效提升，办学质量位列浦东新区小学前列。学校还先后获得了全国青少年集邮活动示范基地、上海市中小学行为规范示范校、上海市"巾帼文明岗"、上海市安全文明校园、上海市优秀城市学校少年宫、上海市红旗大队、上海市学校体育先进单位、上海市体育传统项目学校、上海市绿化合格单位、上海市"阳光体育运动"先进学校、上海市心理健康教育达标校、浦东新区文明单位、浦东新区先进职工之家、浦东新区"五四"特色团支部、浦东新区优秀教研组（语文学科、英语学科）、浦东新区教科研先进集体、浦东新区绿色学校、浦东新区海洋科普教育基地、浦东新区教师专业发展学校暨见习教师规范化培训基地学校，以及浦东新区中小学心理健康教育合格校等一系列殊荣。

2. 经验：内隐的财富

我的小学快乐教育观基本形成，多年来积极倡导"快乐教育"，形成"让每一个孩子拥有快乐幸福的童年，让每一个孩子快乐学习，主动探究，身心健康，全面发展；让每一个老师幸福工作，不断探究，勇于进取，成就自我；让学校充满活力，不断创新，敢于实践，走向卓越"的小学教育观。尤其是进才实验小学，始终坚持"快乐教育"，积极探索教育教学改革，践行"以学生发展为本，教育好每一位学生，让每一位学生都在自信、文明、负责、快乐、成功中得到主动发展"的教育理念；持续朝着"办一所让孩子爱心感恩最多，实践体验最多，学习快乐最多，习惯养成良好、孩子能最健康快乐成长、全面发展的，在浦东、上海乃至全国具有较高知名度的、高质量的素质教育实验小学"目标迈进。

我校培养的学生身心健康，乐观向上，学业进步，艺体见长，综合素养强，我校老师积极争做"有理想信念、有道德情操、有扎实学问、有仁爱之心”的“四有教师”，教学严谨而又民主，团队和谐而向上。进才实验小学进入了发展的快车道，形成了学生活动实践多、作业数量少、学业负担轻、学习快乐多、教学质量高的学校风格，学校成为高质量的素质教育实验小学，在上海市产生了重大影响，赢得了全校师生、家长的高度信赖。我校“快乐教育”的一系列举措，在一些省市小学界产生了积极的影响。

（二）思辨：“快乐教育”的内涵

新课程改革的最高宗旨和核心理念是“一切为了每一位学生的发展”。它要求我们把学生看作发展的人、独立的人、具有独立意义的人，而不能把学生看作单纯的知识接受者。“快乐教育”既尊重人的天性，又强调人的全面发展的特点，渐渐被人们熟知和推广。但在实际操作中，人们又极其强调和放大了“快乐”，难免会走进误区。回到教育的初心，再寻思“快乐教育”的本源，这更是我们今后的走向。

1. 探：“快乐教育”的本源

教育的价值要回归人本主义，人的成长、幸福、快乐是重要的教育目的。这意味着需要改变影响我国教育现实的精英主义、经济主义和工具主义的教育价值。教育既不能以升学率、以数字为本，也不应将学生视为单纯实现社会持续发展的工具。

学校教育要从“应试教育”转向“生活教育”。20 世纪 30 年代陶行知创造的“生活教育”，今天仍具有很强的生命力和针对性。建立“生活教育”，就是解决学校与社会、教育与生活、书本与实践相脱离等基本问题，实施民主的、有用的、创造的教育。

"快乐教育"是能充分调动师生两方面积极性，使教师善教，学生乐学，在师生融洽、合作的气氛中，全体学生得到生动、活泼、主动的全面发展的教育。"快乐教育"的实质是面向全体学生，着眼于人的全面发展，真正体现教师主导、学生主体的"双边作用"，做到"教书育人、管理育人、服务育人、环境育人"。

"快乐教育"的特征：在教育的培养目标问题上，强调快乐发展，在发展中求快乐，在快乐中求发展。快乐符合小学生年龄特点，有助于学生发展；在受教育者发展的内外因问题上，强调在需要层次上充分调动学生内在的积极性；在处理教育知、情、意关系问题上，强调以快乐为核心的各种积极情感与认知的互促，达到知、情、意、行并茂。

2. 析：忧患意识与"快乐教育"

中国文化蕴含着"忧患意识"和"乐感文化"，庞朴则据此提出了"忧乐圆融"说。"忧乐观"在我国儒家思想传统中，源远流长。"生于忧患，死于安乐""居安思危""先天下之忧而忧，后天下之乐而乐"等都是先贤提出来的忧患与安乐的辩证法。

居安思危，是一种理性精神，是处顺境而不忘逆境袭来的自觉。忧患意识是知其为忧患遂因应生起来的一种意志，或当前虽无忧患存在亦能存有此种意志(居安思危)的那样一种觉识。它意味着力求克服种种困难，力求实现某种理想，并深知自己行为的关系与责任之所在。也就是说，忧患并非杞人忧天，患得患失，孔子所忧的不是财货权势的不足，而是社会上有的人"德之不修，学之不讲"。那么，忧患意识就是仁心或善性的某种自觉。

"快乐教育"的核心理念是：要让学生学会学习，把快乐与学习结合在一起，乐学、好学、充满激情。我们教师要做的是创造愉快和谐的学习环境，调动学生学习的积极性，培养学生良好的学习习惯和学习态度，以极高的学习能力获得良好的学习效果，从而感受到学习的快乐。所以，“快乐教育”不等于放低要求和放纵学生，而是引导学生积极地解决问题，自主克服困难。相信一次次跨越之后，孩子们会感受到越来越多的学习快乐。

就像郭齐勇教授说的：“每个人的人生都不会是一马平川，因此要有各种思想准备，调整好心态，经得起风雨、坎坷，也经得起安逸、怡乐等的考验。作为个人，忧而不失其乐，不忘其乐，苦中作乐，乐而不忘其忧，乐中有忧，处顺境不盲目自傲，得意忘形，居功自恃，处逆境要有信念，刚毅坚卓，看到光明。”

通过自己的努力获得成功的满足感，这才是真正的快乐，“快乐教育”并非与中国传统文化中的忧患意识背道而驰，反而两者相辅相成。

（三）展望：“快乐教育”的未来

“快乐教育”的思想内涵及其内在的教育规则符合、适应了人的发展，也在一定程度上很好地促进了人各方面素质的全面发展。实现“快乐教育”，最根本的就是强调学生主观能动性和自主的学习，学生应该成为学习和教学过程积极的参与者和影响者。

1. 广：丰富内涵

“快乐教育”要激发出学生的愉快心境，让学生找到学习活动的兴趣点。斯宾塞指出：“任何生命都会对某些现象表现出特别的兴趣。一旦他们发生兴趣时，也是教育的最好时机。”有了愉悦的心情和浓厚的兴趣，才会产生强烈的求知欲，维持和推动学习活动的进行。长期的愉快心情的调动，促进学生情感素质的发展，更加推动学生的学习劲头和各方面发展。

人们往往会把"快乐教育"中的"快乐"放大，使其本末倒置。其实，"快乐教育"是以调动人的积极情感为基础引起学生的认知活动，并以此为动力在良好的状态下维持和延伸这个认知活动，使学生从"苦学""厌学"走向"乐学""爱学"。要让人们走出"快乐教育"就是"松散教育"的误区，就要顺应当下教育形势，不断丰富其内涵，随着时代的变迁不断融入新的理念。育人并非简单的照本宣科，要从社会大环境考量，结合学生个体情况，等等。"快乐教育"要常青，就要不断完善和丰富其内涵。

2. 望：笃行致远

"快乐教育"以促进人的身心健康发展为目标，更关注人的健康发展。它尊重人作为生命体的自然发展规律，尊重其发展的顺序性、阶段性和持续性，也给人在社会群体中生存发展提供了最有利的条件和空间，满足人的个性发展需求，帮助、引导、促进人最终趋向全面发展。

这和当下我国"尊重人才""尊重创造"的教育理念不谋而合。作为一线的教育工作者和一校之长，我也会在"快乐教育"的路上笃志前行，不断探索实践和完善自己的"快乐教育观"。

德国诗人歌德曾经说过，"理论是灰色的，生命之树常青"，理论只有与实践相结合才具有无限的生命力。"快乐教育"的快乐源于付诸实践，28 年的校长之路，我始终把孩子快乐、教师幸福作为工作的愿景。

B

搭设提升台阶：

从“快乐”到“卓越”的背景和内涵

“快乐教育”，让学校找到了办学的真谛，回归了教育的本源。

面对新时代，面对人民日益增长的对优质教育的追求，面对家长对办好家门口好学校的期望提升，面对培育社会主义建设者和合格接班人的规格提高，学校必须站在“快乐教育”基点上，寻求更高层次的发展。

“卓越文化”，是对“快乐教育”的传承与发展，是在新时代、新要求、新方位的背景下，展现新思路、新举措、新面貌的必然选择。

“卓越文化”，让“快乐教育”找到了更多快乐的“发源地”，找到了更优教育的“生长点”。

一、从“快乐教育”到“卓越文化”的缘由

2020 年，对进才实验小学来说，是一个特殊的年份：学校自 2010 年单列办学已届 10 年，向上突破成为一种方向和动能。

（一）“卓越文化”产生的背景

1. 卓越：时代的人才呼唤

2017 年，习近平总书记在中国共产党第十九次代表大会上，以“不忘初心、牢记使命”为题，向大家提出了中国梦和复兴路。习近平总书记站在实现“两个一百年”奋斗目标和确保中国特色社会主义事业后继有人的高度，强调重视教育就是重视未来、重视教育才能赢得未来，把教育摆在优先发展的战略地位。

习近平总书记在党的十九大报告中提出，要以宽广的全球视野和深邃的历史眼光，扎根中国、融通中外、立足时代、面向未来，发展具有中国特色、世界水平的现代教育。深化办学体制的改革，深化学校内部管理制度等方面的改革，深化人才培养模式、教学内容及方式方法等方面的改革，不断促进教育发展，以教育公平促进社会公平正义。要树立强烈的人才意识，大力推进素质教育，鼓励学校办出特色，鼓励教师教

出风格。

党的十九大报告中，强调了建设教育强国是中华民族伟大复兴的基础工程，做出了中国特色社会主义进入新时代的历史性决断，重申了“办好人民满意的教育”的使命和追求。党的十九大之后习近平总书记关于教育的系列讲话、全国教育大会的召开和《中国教育现代化2035》等重要文件的制定出台，都充分说明新时代教育的基础性、先导性、全局性地位和作用更加凸显。

新时代的背景下，我们要培养的“卓越”人才是德智体美劳全面发展的社会主义建设者和接班人。不忘教育初心，牢记育人使命，以培养担当民族复兴大任的时代新人为着眼点，发挥社会主义核心价值观对国民教育、精神文明创建、精神文化产品创作生产传播的引领作用。

2. 卓越：海派的先锋意识

上海作为国家中心城市、超大城市、上海大都市圈核心城市，明确的中国经济、金融、贸易、航运、科技创新中心的定位，为上海城市精神的确立提供了基础。“海纳百川、追求卓越、开明睿智、大气谦和”的城市精神吸引了大批的全国乃至世界的人才精英。人才汇聚的上海，对于“卓越”人才又附加了新的内涵。2021年3月，上海市政府发布的上海“十四五”规划中提到，上海要坚定文化自信，丰富海纳百川、追求卓越、开明睿智、大气谦和的城市精神内涵，将开放、创新、包容的城市品格融入社会生活各方面，大力传播和弘扬红色文化、海派文化和江南文化。坚持中国特色社会主义文化发展道路，围绕举旗帜、聚民心、育新人、兴文化、展形象的使命任务，深化建设更加开放包容、更富创新活力、更显人文关怀、更具时代魅力、更具世界影响力的社会主义国际文化大都市。

透过“十四五”规划，我们可以发现新时代的海派人才在追求卓越的路上，应具备更主动的先锋意识，与上海的城市内涵和发展方向相契合。

3. 卓越：浦东的提升价值

学校地处开发开放的浦东新区，占有天然的优势和环境的熏陶。

学校的发展与浦东开发开放紧密相连。1990 年，党中央启动浦东开发开放。2021 年 7 月 15 日，《中共中央国务院关于支持浦东新区高水平改革开放打造社会主义现代化建设引领区的意见》发布，支持浦东勇于挑最重的担子、啃最硬的骨头，努力成为更高水平改革开放的开路先锋、全面建设社会主义现代化国家的排头兵、彰显“四个自信”的实践范例，更好向世界展示中国理念、中国精神、中国道路。“更高水平改革开放的开路先锋”“自主创新发展的时代标杆”“全球资源配置的功能高地”“扩大国内需求的典范引领”“现代城市治理的示范样板”的浦东社会主义现代化建设引领区的定位，对办学提出了新挑战，也获得了新机遇。

浦东社会主义现代化建设引领区的使命以及浦东创建一流教育的需求，对学校的办学使命担当提出了更高的要求。

(二) “卓越文化”形成的内在驱力

学校的发展为“卓越文化”的形成提供了强大的内在驱动力。

1. “快乐校园”催人奋进

学校历经多年奋斗，已站到了一个更高的起点：

——历经探索、改革、发展，学校呈现出教育教学、育人培养、办学特色、学校管理等各方面工作齐头并进的良好发展态势，成果显著，走在了浦东新区基础教育的前列，成为浦东新区小学系统的一面旗帜。

——在"快乐教育"已基本成熟的情形下，学校站上更高的层次，在文化立校上需要有哪些更大的作为，这是一份必须作答的沉甸甸的"考卷"。

——面对办好人民满意的教育、办好家门口的学校的政府要求，面对家长日趋提高的教育期望，学校发展更宽的路在何方，这是一道无法回避的"作业"。

此时此刻，进才实验小学要在新的发展阶段注入新的活力，需要在梳理学校发展历史的基础上，找到动力。从以往的经历和经验来看，我认为：

——学校的发展源自创新。进才实验小学把创新融进学校工作的全部，以创新的眼光审视工作、创新的精神打量工作、创新的意识衡量工作，各项工作得到了高效优质的发展；

——学校的成就来自进取。进才实验小学以进取为志向，发展不停步，探索不止步，实践不歇步，在目标的感召下，育人水准取得了节节高的提升。

2. "卓越文化"呼之欲出

进才实验小学在办学历程中，经过校领导创新开拓、锐意进取和广大教师的积极参与、贡献智慧，积淀了丰富的办学精神、文化价值和共同愿景，创造了卓越的办学特色。

学校赋予卓越以进才实验小学的解释。卓越既是意识，也是精神；卓越既是目标，也是过程；卓越既是拼搏，也是智慧；卓越既是超越，也是追赶；卓越既是学校的坐标，也是师生的自觉。在卓越的追求中，学校得到了卓越的青睐，办学质量获得了卓越的境界。

卓越办学特色已然成为进才实验小学追求的品牌，学校引以为自豪。面对新时代、新形势、新任务，学校清醒地认识到学校发展需要从文化立校的高度站上新台阶，以承担更大的历史责任、做出更大的历史贡献。

文化，是学校办学的灵魂；办学校，就是办文化。文化以其价值、精神、愿景、行为等巨大能量推动学校工作与发展、影响师生意识与行为，产生价值认同、精神认可、愿景认知、行为认定的作用，凝聚师生人心，集聚发展信心，齐聚办学同心。

文化是学校内涵提升的“直通道”、优质发展的“快车道”。提升卓越办学特色的功能，给予卓越以更大发展空间，创建系统的“卓越文化”，已成为进才实验小学的历史抉择和必然选择。

从“卓越境界”到“卓越文化”，这是卓越运行的内在机理，也是卓越引领的必然归宿。

“卓越文化”不仅仅是卓越办学特色的“升级版”，而且是发展优质教育的“卓越版”，是学校内涵提质发展的重要突破和重大建树。

（三）“卓越文化”发展的历程

“进才系”学校，有着与进才学校一脉相承的教育基因。总结、回顾进才实验小学成长发展的经验，对于明晰“卓越文化”的产生缘由，具有承上启下的作用。

1. 改革开放前沿与学校乘势前行

学校因改革而生，因发展而兴。秉持进才学校的进取理念，学校与改革共舞,与创新同辉,取得了令人注目的办学成就。

应时而生传承基因——上海市浦东新区进才实验小学,源于"进才"。1996年,爱国台胞叶根林先生捐巨款兴建了上海市进才中学,经过努力,学校成为上海市首批实验性示范性高中,在上海乃至当今中国教育界具有影响力。2001年,进才中学成立基础部和国际部;2003年8月,在基础部的基础上,由进才中学筹建并创办了高起点、现代化的九年一贯制学校——上海市进才实验学校;2010年8月,进才实验小学单列办学。

乘势而上奋力作为——学校诞生后,一直走在健康、优质、卓越的发展道路上。轻负担、高效益,全面成长、健康、快乐,成为学校发展的主旋律。学校先后获得上海市安全文明校园、上海市中小学行为规范示范校、上海市优秀城市学校少年宫、上海市红旗大队、上海市学校体育先进单位、上海市体育传统项目学校、上海市绿化合格单位、上海市"阳光体育运动"先进学校、上海市心理健康教育达标校、浦东新区文明单位、浦东新区优秀教研组(语文学科、英语学科)、浦东新区教科研先进集体、浦东新区绿色学校、浦东新区海洋科普教育基地、浦东新区教师专业发展学校暨见习教师规范化培训基地学校以及浦东新区中小学心理健康教育合格校等各项殊荣。

2. 进才品牌优势与办学思路拓展

"进才"这块好品牌,在教育界有口皆碑。充分用好进才品牌优势,是"进才人"的智慧。在品牌优势基础上,发扬光大品牌效应,进一步拓展办学思路,则更是"进才人"的用心。

用好品牌创新发展——学校抓住单列办学给予跨越发展的重要契机,根据自身条件和潜力,立足区域实情,准确办学定位,把握发展机遇，在充分利用进才品牌优势的基础上，着力营建具有进才实验小学特质与特色的项目品牌，继而形成学校整体品牌与优势。经过多年努力，学校已形成以生命教育、艺术体育教育、城市学校少年宫等学科与重点项目为主体的品牌，并正在扩大品牌影响力。学校追求卓越发展，教育质量由区中游水平跃居前列，社会声誉快速提升。

不断拓展办学思路——高起点办学，新理念育人。学校把自身发展融入浦东新区整体提升教育质量、提供优质教育的大格局中，不断丰富、拓展办学思路，引领学校健康、快速发展，从而形成了比较完整的办学思路：

紧紧围绕“把进才实验小学办成一所让孩子实践体验最多、学习快乐最多、爱心感恩最多、习惯养成良好，在浦东、上海乃至全国具有较高知名度的高质量的素质教育实验小学”的办学目标；

——严谨秉承“为每位学生的卓越发展服务”的办学理念；

——忠实践行“以学生发展为本，教育好每一位学生，让每一位学生都能在自信、负责、文明、快乐、成功中得到主动发展”的教育理念；

——创建实施“和谐、负责、进取、务实、创新”的团队文化；

——倡导遵循“乐、健、和、实”的校训。

办学思路的先行，为学校奠定了坚实的发展基础。

3. 育人特色形成与社会共育协同

学校在办学中，以卓越要求，大力组织、广泛发动开展各项学生活动，形成具有学校特点的育人特色，并且与社会相关机构与组织合作开展育人活动，取得了校内校外育人成效双丰收。

全面育人卓有成效——学校以校园六大节日“体育节”“艺术节”“科技节”“世界文化节”、新年音乐会、“六一”庆祝活动为载体，为学生在实践中增长才干、全面健康成长搭建舞台，形成了进才实验小学的育人特色：

一是激发内在进取动力，促进学生自主发展。提供学生自主发展的机会，主要包括以落实行为规范为主的教育、以培养民主意识为主的评优活动和以自我发展为主的自主活动。从行为规范养成、民主评选实施、自主活动参与等主题活动的横向开展，到从小队集体、中队集体乃至校级活动的纵向体验，学校给予学生最大限度的自主权，让他们在活动中不断成长，不断积累经验。

二是构建育人专门平台，促进学生有序发展。育人是学校的主旨，渗透在全过程。而主题教育和专题教育则是经常性、制度化的两大平台。主题教育制度化，围绕教师节、中秋节、重阳节等重大节日和纪念日，学校开展以爱国主义为核心的主题教育活动、设计系列专题教育内容，夯实行规教育，狠抓文明礼仪，是学校有序向上发展的台阶。

三是丰富社会实践锻炼，促进学生能力发展。“快乐成长”主题社会实践活动、“快乐班级”班级社会实践活动、“快乐雏鹰”小队社会实践活动、“爱心牵手”社会公益实践活动、“小脚丫走天下”国内外社会实践活动等，极大地丰富了学生的实践经历，锻炼了他们的成长能力。

面向社会开放育人——主动融入社会、贴近社区，让学生在开放的社会实践的磨炼中感受成长。学校营造以“传承、创新、个性、活力”为主题的校园文化，为学生创造快乐成长的温馨环境。

与地处浦东新区高档小区环境相适应，学校全力装扮校园环境，校园内到处弥漫着绿色环保的氛围，红墙在绿色的点缀中格外显眼，可爱的文明小提示随处可见，学生艺术作品的展示在楼道间形成了一道道艺术长廊；学校结合联洋社区和学校建筑的国际化特征，以国学经典《三字经》《弟子规》《论语》为载体创建儒雅的校园文化；在“快乐成长”

主题社会实践活动中，让学生感受家庭、学校、社会所给予的关爱；在“快乐班级”班级社会实践活动中，在家委会的共同参与下开展班级特色实践活动；在“快乐雏鹰”小队社会实践活动中，学生走进社区，分别开展了“垃圾分类社区行”“我是社区小主人”“走进社区看文化”“社区文化探究行”等志愿服务和文化探究活动；在“小脚丫走天下”国内外社会实践活动中，学校组织四五年级的优秀学生进行寒暑假国内外游学交流活动，拓展学生国际视野，培养学生的国际情怀。

(四)“卓越文化”培育的理念

进才实验小学在发展历程中，共同的价值观念浸润了师生的情感、倾注了师生的向往、凝聚了师生的愿景，这些具有文化基因的学校精神是“卓越文化”的重要来源。

1.“学生为本”的定位基线

办学就是为了学生。以学生为本，是学校办学的出发点和归宿。营建“卓越文化”，将学生为本放到更加突出的地位。

主体地位有效落实——学生是学校的主体，是学校的主人。一切为了学生，为了学生的一切，为了一切的学生，这话看上去虽然有点像绕口令，但却生动地说明了学生是学校办学的原动力。学生主体地位并非与生俱来，是要从办学理念和具体实施等一系列的工作中予以准确定位、上下合力、过程保证来加以实现的。进才实验小学单列以来的办学成就，充分展示了学校以学生为本的教育理念的确立与落实，为“卓越文化”的构建提供了进才经验。

全体发展培养目标——现代教育提倡要面向全体学生，为学生全面发展和终身发展奠定基础。注重学生的个体差异性，根据学生自身的特点和条件，提出不同的要求，不管是学优生还是学困生，通过教师的科学引导、因材施教得到发展，不放弃任何一个学生。"以学生发展为本，教育好每一位学生，让每一位学生都能在自信、负责、文明、快乐、成功中得到主动发展"，学校为学生创造良好的学习成长环境，让不同层次的学生通过自己的努力学习，得到相应的提高。"卓越文化"的构建，让每一位学生更好地在自身条件基础上得到"卓越"的"眷顾"成为可能。

2. "卓越服务"的宗旨标尺

学校所有工作都是服务，服务才是学校办学的内容。服务有目标，服务有宗旨，不迷失，不走样，以卓越"护送"服务，以提升服务品位，拉升服务高度。

围绕育人根本目标——立德树人是学校根本任务，是学校办学本质所在。学校一切工作都应服从、服务于立德树人的根本大局，立足于铸魂立志的育人全局。学校"卓越"的文化理念，应使育人理念、育人方法、育人途径、育人实践等具有深刻的内涵、深层的追求、深度的开掘，营造突出的育人效果。"卓越文化"的架构，为学校育人目标的精准实现起到了卓越保障作用。

服务发展宏大情怀——发展是学校永恒的主题，学校所有的问题都能在发展中寻求解决，学校在办学中遇到的瓶颈都能在发展中找到答案，学校办学层次跃上新平台都能在发展中得以实现。发展能使学校活起来、亮出来。进才实验小学的领导和老师对学校的发展时刻关心，他们尝到了学校快速成长的甜头，看到了学校未来成长的希望。"卓越文化"的建设将推动学校发展驶入更高境界的"快车道"。

3.“卓越文化”的突破选择

在学校多年发展中，学校领导和广大师生在为之发展壮大的奋斗中，创造了专属进才实验小学的办学理念、教育思想、价值观念等文化元素。为社会做出更大贡献，求取进一步发展，提炼文化内涵，构建“卓越文化”已成必然。

求变创新自觉品质——学校要发展，必须跟上时代发展节奏，搭准社会发展脉搏，与时代共舞、与社会同进。与时俱进地自我加压，是学校永远立于不败之地的法宝。进才实验小学一路走来，见证了弄潮儿勇立潮头敢试敢闯敢破的办学气魄与宏志，一直求变屡试不爽，勇于创新斩关夺隘。这是难能可贵的进才实验小学的优秀办学品质。“卓越文化”的兴建，正是学校领导审时度势、再度发力、再攀高峰的雄心寄托。

文化立校提升内涵——办学校就是办文化，文化是学校的灵魂，文化是全校师生员工的精神家园。有文化的学校，用其深蕴的价值力量打造师生的信念，用其美好的愿景指引师生的向往，用其约定的魅力规范师生的行为。文化在学校发展方向的把握中、在学校事务的参与中、在学校师生人生价值的实现中，发挥着不可替代的巨大作用。进才实验小学要取得更高质量的发展，文化的助推当属必然，当仁不让。“卓越文化”的推出，适逢其时，“卓越文化”已经站在了学校发展的突破口。

（五）“卓越文化”建构的缘由

现在构建“卓越文化”，当然有学校自身发展的内在要求，但更有时代发展对深化内涵、高质办学的期望，是上海尤其是浦东新区社会各界普遍对优质教育的期待。只有放在这个大背景下来考量，才能对“卓越文化”构建的必要性、重要性看得更清楚。

1. 时代发展对人全面发展的客观需求

根据社会对人才的需求，如何理解并有效进行学生全面发展的培养，是学校教育的智慧体现。适合的、对接的、可持续的全面发展，才是卓越的。

全景培养创新精神——21 世纪是一个创新的时代，创新时代需要大量的创新型人才。谁具有创新意识、谁拥有创新能力，谁就能赢得更好地服务社会、报效国家的主动权，谁就能获得更好地立足社会创造美好人生的机遇。创新精神是学生全面发展极其重要的标志之一，是新时代新公民的重要素质之一。

创新精神需要从小培养，学校要有营造、培养学生创新意识及能力的浓厚氛围，课程教学上要贯穿创新精神，用创新的教学方法引导学生感悟创新，搭建创新学习、创新活动、创新生活的创新大平台。学校的创新元素无所不有，创新时空无所不在，学生的创新意识与能力的培养也无所不能。“卓越文化”的构建，为学校实施创新教育提供了强有力的支撑。

准确对接发展需求——办学成效很大程度体现在人才培养的社会需求精确度、适应度上，完成度高，学校教育就“适需对路”。学生全面发展应该充分体现在与时代要求、社会需求紧密相接的需求上。开门办学，了解社会对学生知识与能力的期待，了解高一层次学校对学生素质的要求与期望，是学校做准、做实培养目标、有的放矢地实施全面发展策略的重要方面。小学是打基础的时期，应辩证看待全面发展，从可持续发展、扎实做稳基础的角度给予培养，不能求全和一味地拔高，切忌只追求数据靓丽、成绩好看而失去全面发展的后续发力条件，变成片面发展。“卓越文化”的建设，为对接需求的全面发展奠定了可靠的基础。

2. 立德树人教育使命担当的主观企求

学校办学质量，首先表现在培养人才的质量上，而人才质量当以立德树人为唯一标准。在学生心中嵌入“铸魂强根”芯片，是进才实验小学教育使命的深刻呈现。

引导成长启迪智慧——小学阶段，是开展立德树人教育的奠基时期。应充分考虑到小学生年龄段的身心特点，摒弃枯燥的说教，采用小学生喜闻乐见的形式，寓教于乐，用形象的展示、比喻的手法、活动的形式、榜样的作用，开导、引导学生，从帮助学生树立正确的是非观、道德观开始，逐渐发展到家国情怀、民族大义、文化认同的确立，形成正确的“三观”。小学是增长知识与提升能力的重要“填空”期，同样需要对学生加以积极引导，授以方法，培养习惯，在教以知识的同时，注重启迪智慧、开发智力。立德与树人并行，做人与增智共进。“卓越文化”的起用，为学校教育使命的精准落实起到了保障作用。

丰富实践创建平台——实践出真知，实践出成果，实践出人才，对于小学生的教育培养同样适用，而且更加合适。小学生好动，对直观感兴趣，实践就是很好的途径。学校教育教学和育人的实施上，有着许多创设实践内容、提供实践途径的机遇、空间，实践能与所有的教学内容和育人活动相对应。实践有大有小，实践不拘形式、不分场合、不论校内校外，实践也不以课内课外论“正野”。学校要让学生沉浸实践，收获认知。搭建实践平台，“有名有姓”的固然好，“阵地战”成果显著。但是，不可忽视无形、无名的“平台”，学生更多的实践体现恰恰是在非正式的"平台"中发生,"授人以鱼,不如授人以渔"。让学生懂得实践的重要性,养成实践的思维品质。"卓越文化"以价值实践的能量,给予学校更好的推进实践育人的实践。

3. 提升办学品质优质教育的动能激发

内生需求、自我激励永远是学校发展的第一要素,办学者的自觉清醒、审时度势永远是学校不断前进的"领航员"。动力的激发,动能的释放,驱使着学校向着更高的标准进军,占领制胜的高地。

渴望进取创新发展——进取,是学校发展的源泉;创新,是学校发展的动力;加压,是办学者面对发展的勇气。进才实验小学不愿在已有的名声中自甘享受,不肯在功劳簿中自我陶醉。名声,是曾经的辉煌;成就,是走过的见证;再发展,才是学校的志向。追求无止境,创新堪大任。在进才实验小学看来,创新不仅是一路走来的"伙伴",更是走向未来的"良师益友"。创新的底气,源于永葆卓越的崇高节气,源于搏击浪潮、勇立潮头的无畏胆略。"卓越文化"的建构,从精神支撑的层面为提升学校办学品质开出了永不停歇的"良方"。

卓越教育博大胸襟——进才实验小学从开办以来,一直以浦东新区小学教育领先者自励,以办学素质超群者自勉,这是难能可贵的奋斗者形象,难能可贵的办学精神,是进才实验小学的宝贵财富。卓越的秉性,促使学校将终点当作起点,将过往"归零",重新定义新的纪录。卓越教育,是学校挥之不去的梦想、坚持不懈的事业。深耕卓越情怀,施展办好优质教育的大爱情怀,在卓越的背后,是学校对百姓、学子的深爱无限,是对浦东这块热土给予学校生长成长发展的回馈无限,是对学校肩负教育重任的无限热爱。"卓越文化"的实施,为学校施展一流教育开辟了通衢大道。

二、“卓越文化”的时代内涵

学校文化是学校办学历史的思想结晶、精神浓缩，是师生在长期办学中对学校发展的认同，是学校教育理念、育人思想、办学策略、行为准则的价值积淀。学校文化的初始形态与价值观念存在于学校发展的各个阶段，是埋藏的文化珍宝。

厘清发展脉络，对“卓越文化”培育的认识具有基础性意义。

（一）“卓越文化”的内容

教育是民族振兴、社会进步的重要基石。学校是教育改革的主体，学校教育质量的提升是教育社会价值发挥的基本前提。

新时代对于人才的定义又将有新的内涵，上海作为中国的经济中心，不仅拥有良好的物质条件，还具备了许多优质的教育资源。基于此，关于学生的发展，我们需要至臻至善，追求卓越。如何建构承载学校的办学使命和育人价值，这是教育变革过程中每一个学校管理者都需要认真思考的重要命题。

1. 人对“卓越”的追求

古今中外，人对“卓越”的追求不曾停歇，从中国传统文化主张天人合一，中国传统哲学视域中的“儒释道”三位一体的价值追求，到西方哲学对人的卓越的理解更侧重于理性和人之各种优秀、美德的统一体，每个时代都有对“卓越”的追求，都有对“卓越”内涵的不同阐释，我们需要穿越时空去理解这三维立体的“卓越”，方能了解新时代对人才培养的意义，教育者明白应该怎么去实施。

2. 卓越：生而为人的追求

卓，即高超，超，不平凡；越，即度过，超出。卓越，从字面意义上来说是杰出的、超出一般的，即优秀突出之意。生来不完美的人对“卓越”有着与生俱来的追求。

个体心理学家阿德勒提出，个体行为的动力是自卑感，也就是说，当一个人有目的地去行动时，他的原动力就是自身缺陷所引起的自卑感。阿德勒的“自卑而超越”与中国先哲的忧患意识不谋而合，这种心理意识对我们文化中重视教育和教育价值的传统产生了重要的影响。

“天行健，君子以自强不息。”千年前先哲已为我们道出人生的追求。在泱泱华夏几千年的历史积淀与文化传承中，“自强”向上的品质不仅从未被泯灭，还不断演绎着激人励志的篇章。人，生来的不完美，成就了我们积极向上的基因。孔孟的成仁取义，王阳明的积善自强等，皆是自身修炼的向上进化。人，生来的不完美与追求完美的天性，为我们研究人性、优化人品提供了必要的可行性，也造就了我们对超越自我的追求。

人的局限性让人想要不断地超越自己，不断地创造，人的超越意识是人实现自身“卓越”的不竭源泉和动力。人不满足于动物式的种的延续、不满足于被一代代地“复制”，而是永远在追求，把世界变成有了人的感情、意识的更加色彩缤纷的属人的缤纷世界。正是这不断创造，使本来生理上还处于劣势的人创造了日益精彩的世界；而人在不断追求更好、更优秀及卓越的路途中使人性更加丰满，这便是“生而为人”的卓越。

（二）卓越与全域式育人

1.“观物”与“观人”

时代发展历史性的变化对教育发展提出了新的诉求，需要教育者做出历史性的回应，而这种回应应以构建“好的教育”作为出发点。新时代的学校教育要重新定位，不仅要多出人才，快出人才，更重要的是要出好人才；对人发展的理解要变化，不仅要成为“某种人”，更为重要的是要“成为人”；对教育的理解要变化，对教育的理解不仅要“观物”，更要“观人”。“时代新人”要具备报国精神情怀、强国担当能力、世界引领意识。

2.“全域式”的育人观

对新时期学校教育改革发展特征的研究梳理，我提出了“全域式”的育人观，即全体发展与全面发展相结合，就此，学校的育人举措应立足于三个维度：

其一，教育不仅要使学生成为某种人，更为首要的是使学生成为人，也就是要从“具体的人”的视角设计和推进学校课程与教学改革；

其二，看待教育改革发展的视角要实现从“点”到“面”的转型，对于学校而言，就是要着眼于学生的全面发展，整体性设计学校改革路径，架构学校发展体系；

其三，新时代的学生培养具有不同于以往的独特要求和鲜明特征，特别是要具备报国精神情怀、强国担当能力、世界引领意识，这些要求应该贯彻到学校人才培养的目标定位之中，成为"卓越人才"的重要特征和标准。

（三）学生的"卓越发展"

1."卓越"育人的新内涵

从"人的卓越"到小学生的"卓越发展"，特定的时代和人群给予了"卓越"育人的新内涵。人在不断构建自我的过程中不断超越，这种向上的积极性传递给孩子们更有趣的未来。

人的卓越是指人所能有的各个方面的优点，它在不同的历史时期、不同的语境中有不同的内涵。例如，作战时勇敢是最为推崇的"卓越"，文明发达的今天可能表征为"智慧"及"道德"。但是无论是哪种"卓越"，都是体现人生的丰富性，体现了幸福的深刻与对崇高的坚持。所以，人的卓越并不是高不可攀的，它并不一定表现为功成名就、流芳百世，而是实实在在地存在于我们身边。人的卓越正是通过对人的价值的提升而完善了人格，因为人的卓越本身蕴含着人要做一个好人、高尚之人之义，通过对真善美的追求，个体能不断实现自身的意义和价值，能不断地释放生命的最大潜能，从而实现自我。

2. 学生"卓越发展"的指向

基于此，我们厘清了小学生"卓越发展"的内涵。上海市义务教育阶段实施的是"五四"学制，即在小学完成5年的学业，而小学六年级的学习将在初中完成。本研究中的小学生为小学一至五年级的学生，该年段的学生正处于身心发展、品格形成的启蒙阶段，是培养广泛的兴趣爱好的重要时期。

该阶段的学习主要是为儿童德、智、体、美、劳全面发展打下基础，为初步生活做好准备。据此，我将小学生的“卓越发展”界定为：小学生在学习积累优异的文化学识、形成越人的学习能力和卓然的生活素养、获得出彩的科学实践中，不断学习、全面提升自己的变化前进过程。小学生的“卓越发展”更倾向于其走向卓越的全面发展的过程，是动态的、充满变化的。

基于此，我校将“优异的文化学识”“越人的学习能力”“卓然的生活素养”和“出彩的科学实践”也进行了简单的概括。

优异的文化学识，即学生牢牢掌握小学阶段的基础知识，通过大量的课外阅读、社会实践拓展眼界和学识，拥有丰厚的文化底蕴。

越人的学习能力，即学生熟练掌握学习方法，乐学善学，勤于反思，触类旁通，灵活应变，用适合自己的方式学习各种本领，用恰当的方法解决各种问题。

卓然的生活素养，即学生珍爱自己和他人的生命，具有安全意识、自我保护能力和健全人格，积极乐观向上地面对平凡的生活，懂得生活常识，热爱劳动。

出彩的科学实践，即学生具有浓厚的科学精神，逻辑思维能力突出，敢于批判质疑，勇于探究实践，具有强烈的社会责任感、国际认同理解和问题解决能力。

从学校育人层面而言，小学生的“卓越发展”应该是指向学生全体发展、全面发展，并实现学生个体的个性化发展，从而实现超越自我的一个前进过程。“指向小学生卓越发展的课程”是为学生今后成长与发展的人生路上提供多元有效支持可能的课程，课程体系的建构要指向学生德智体美劳全面发展。

C

提升办学品质:

“卓越文化”的构想和思维

从“快乐教育”到“卓越文化”，不仅是对教育质性的进一步确认，也是对教育追求的进一步提高。

“卓越文化”的构想和思维，为“卓越”的实现、“文化”的繁荣提供了基础性的框架和建设性的思维。

一、“卓越文化”架构的哲性思维

“卓越文化”的出现，是学校深层发展的必然。“卓越文化”的架构，有着其与学校卓越办学特色探索的深刻联系，有着其横向与学校、社会，纵向与历史、时代的深刻关系，它们决定着“卓越文化”内涵的丰满。

（一）“卓越文化”基于定义的界定演绎

“卓越文化”在进才实验小学的“浮出水面”绝非偶然，而是一系列“合力”共同作用的结果，是历史对学校高质量办学的期盼。分解这些“合力”，放到相应的维度来考察，对于理解“卓越文化”的架构十分有必要。

1.“卓越文化”的起点：基于师生的全面多元成长

“卓越文化”关系学校发展，更事关师生成长发展，影响师生幸福未来，决定师生人生高度。学校发展是为了师生，“卓越文化”是为人而兴建，这是“卓越文化”建设的初衷。

强根铸魂的立人原则——立德树人是学校教育的根本任务，学校一切工作都应围绕立德树人来展开。对于教师或者学生，都有立什么魂、做什么人的根本问题。当然，学校是培养学生的场所，培养社会主义事业的建设者和接班人，是学校的主要任务。立人当先立德。德，通俗说就是符合时代精神和社会要求、具有社会主义核心价值观、人格健全、心智健康的思想与行为。立德，是强根铸魂的过程，应赋予一定的形式，开展必要的教育，在实践中逐步确立起来。对小学生来说，是一个反复进行与确立的过程。唯有如此，有德之学生才能树立起来，为长成"参天大树"打下基础。"卓越文化"的构建，为学校更有针对性地育人提供了强有力的支撑。

核心素养的发展原则——核心素养之于小学生，有着明显的全面发展导向作用。核心素养给出了全面发展的原则指标和主要内容，是一个标准版本。学校应当结合本校实际，根据学校办学特色、学科特点、项目强点、活动要点，进行核心素养的校本化细化、消化，形成能够进行实际操作、反复练习、卓有成效的学生核心素养全面发展的进才方案。基于小学生的身心特点，应着眼于发展，通过不断反复学习与锻炼、实验与体验，加以巩固，加深认知，加固养成。核心素养的全面发展应与升入高一级学校的要求相衔接。"卓越文化"的实施，为学生全面发展的核心素养的培育，提供了切实可行有效的学校版本。

心智成熟的成长原则——处于小学阶段的学生，身心发育还不完善，认知能力还有待提高，是学校教育需要特别注意之处。学校根据年龄特点，采取针对措施，采取小学生乐于接受的教育方式。小学生的成长过程中会有反复，呈螺旋式上升。学校应充分考虑、估计小学生成长特点。"卓越文化"的建设，为学生健康成长提供充沛的能量。

幸福人生的目标原则——幸福人生是人人追求的至高目标，也是学校追求的育人目标。为学生构筑幸福人生的基础，是进才实验小学追求卓越的宏愿。小学生年龄尚小，似乎看不出幸福人生的端倪。殊不知，幸福人生正是在小学阶段播下的种子，在成年时开花结果。小学教育意义重大。学校现时的工作，连接着学生将来的幸福，力度如何，成效几何，事关未来。育人工作，责任重于泰山。"卓越文化"的实施，为编织学生幸福人生的美好梦想撑起足够大的练就空间。

2. "卓越文化"的起源：基于地域的社会需求回应

学校不是在真空中办学，而是处在现实的社会环境中。处理好、应对好、发展好与身处周围环境的关系，主动融入区域社会经济发展之中，对学校优质高速发展有着重大影响。

优质教育的客观要求——提供优质教育，不仅是学校本身的需要，同时也是为区域社会经济发展做贡献的需要，满足百姓期待的需要。教育是区域社会组成的重要方面，事关民生和谐大事。优质教育是地区政府提升教育水平、发展文化事业、解决民生问题的重大课题，学校理应为促进地区优质教育水准做出应有贡献。"卓越文化"的建立，为学校发展优质教育、服务好区域教育发展发挥着富有成效的作用。

区域发展的积极融入——进才实验小学有目共睹的发展是与区域各级政府及相关机构的大力支持关心分不开的，学校理应回报区域社会的厚爱，融入区域社会的发展之中，做出自己应有的贡献。区域强，学校兴；学校为区域助一份努力，区域为学校添加倍关爱，这是鱼水关系。进才实验小学多年来为区域招收许多当地学子，更为高一级学校输送了众多优秀学生，为区域小学教育改革探索、优质发展提供了比较成熟的办学经验，是区域社会值得骄傲的所在。"卓越文化"的构建，为学校融入区域取得了更显著的成效。

主动适应的自觉响应——学校主动适应区域对教育发展的需求，

主动融入区域社会经济发展的相关事务，发挥应有作用，是学校在区域存在的表现，有地位的表现，有价值有作用的表现。学校本身就是区域的组成单位，教育本身就是区域的工作内容。主动适应不分家，应是进才实验小学立足区域、服务区域、发展区域的主人翁姿态。“卓越文化”为学校更加主动、自觉地适应区域需求增添坚定的信心。

百姓期待的不竭挂念——百姓应当是，而且永远是学校的“衣食父母”，是学校最可宝贵、最为丰富的办学资源，这个观念要牢牢确立。很大程度上，是百姓成就了学校的今天。学校只有依托百姓的信赖和对学校办学理念的理解、对学生学习成长方式与措施的支持，才能有效地开展工作。回馈百姓期盼，满足百姓希望，提供百姓方便，应当是学校义不容辞的职责。心系百姓挂念，不仅体现在为百姓提供优质教育的宏观大局上，而且还应体现在对待百姓个体的态度上，学校诚恳有礼、仪态大方，展示有范有样的学校风貌。“卓越文化”的营造，为学校更加贴近百姓、服务百姓增添更强的亲和力。

3. “卓越文化”的起飞：基于办学的整体提升完善

进才实验小学经历多年创业与发展，办学水平已经到了相当的高度，教育质量得到了各方面认可，一大批办学成果应运而生。在继续保持发展势头的关节点上，迎来了“卓越文化”的全面架构。

品牌效应的持续创优——品牌是办学理念和办学特色的集中呈现，是学校优质办学的形象展示。进才的品牌来之不易，保持品牌的新鲜度更不容易。品牌保鲜，唯有创新。创新，就是给品牌注入“保鲜剂”。品牌应该发展，应该与时俱进。对于学校，品牌是无字“名片”，是无声口碑，是学校极其重要的办学声望。让创新为品牌不断亮色，不断提质，不断增量，为学校持续发展护航。“卓越文化”的建构，为学校品牌的品位持续不断地发光提供不竭的能源。

内涵发展的质量优先——内涵发展就是注重学校理念、学校文化、教育科研、教师素质、学生培养质量等方面建设的发展。从学校教育活动的过程看，在学校管理、教育、教学等方面人力、物力、财力投入的多少表现为数量，而教育思想、办学理念、制度、决策、管理、校园文化，以及目标达成度和工作满意度等则表现质量。从学校教育活动的内容看，课程、教育、教学内容以及课时的多少等表现为数量，教育教学内容的选择和设计以及教育方法的合理度、教学力、科研力、时效等则表现为质量。学校走内涵发展之路，取质量优先思想。内涵发展是学校卓越办学的成功法则。"卓越文化"为学校更优质更坚定的内涵发展营造强大的定力。

育人方式的模式转型——切实转变育人方式，树立全面发展、人人成才、多样化人才的观念，关注人的全面发展、个性发展、多样化发展、全过程发展。重视学生成长规律，既要重视学生知识学习，更要关注学生能力培养、人格修养和身心健康；既要关心学生当前表现，更要关注学生长远发展；既要面向全体，更要区分层次，尊重个性差异。注重面向人人，因材施教，发挥每一个学生的优势潜能，使教育能够满足每一个学生成长的需求和发展的期望。"卓越文化"的构建，为学校更精准、更有效地育人搭建了施展的舞台。

办学水平的能级提升——办学水平包括硬实力和软实力两个方面。办学水平是学校发展水平的衡量标志，办学水平也反映了学校办学特色取向、办学内容侧重、办学成效成色。办学水平能级提升，是学校新时代办学的必然要求。能级提升是全方位、整体性的提升，是质的聚变。卓越思想是能级提升的有力保障、实现动力。"卓越文化"的建设，为提升办学水平能级提供强大动能。

（二）“卓越文化”基于定性的元素融合

作为学校文化的“卓越文化”，必然与中外文化、教育属性、培养目标等方面发生联系，交织影响。弄清楚它们之间的关系、相互的作用，对于“卓越文化”功能的准确界定有着重要作用。

1. “卓越文化”与中华优秀传统文化的传承

在中华优秀传统文化中，不乏许多与卓越有关的理想与故事。先辈们以卓越精神，创造了中华民族不屈不挠、自强不息、奋进拼搏、勤劳勇敢、文明礼貌的惊天动地、可歌可泣的宏伟史诗，是值得后人学习继承的文化传统。

追求领先的卓越情怀——祖先们在当时的艰苦环境下，凭借过人的智慧，用自己勤劳的双手，创造了一个又一个的文明奇迹，为世界文明贡献了中华民族的才华，当中既有思想的创立，又有制造的诞生。是卓越的追求与情怀，延续了中华民族的生生不息、文明的源远流长。今天的进才实验小学，把中华民族追求卓越的精神在办学上弘扬光大，以卓越激励，以卓越开拓领先，以卓越引领发展，取得了前进路上卓越的成就。“卓越文化”的构建，为学校的卓越情怀再添豪情和斗志。

不甘落后的争先心理——中华民族在漫长的历史长河中，在改造自然、利用自然的艰苦卓绝的斗争中，在改造社会、创造文明的光辉诗篇中，记载着先辈们不甘落后、敢于争先的动人故事，并激励着后人承前启后、前赴后继地勇往直前。进才实验小学正是以不甘落后的自觉，每每深刻地检视着办学路上关键点的得失，赋予争取胜利的勇气，夺得属于卓越追求者的胜利。“卓越文化”的实施，将为不甘落后的意志和行为披上勇敢争胜的"战袍"。

精致完美的处事理念——无数精美的工程、精雕的建筑、精湛的工艺品，中华民族的祖先给后人留下了不胜枚举的瑰宝。礼仪的周到、学说的严谨、做事的周密，无不体现中华民族先人待人处世、修身养性、工善其事的精致完美的态度与追求。进才实验小学把祖先的优秀传统体现在育人与教学上，力尽精细雕琢，力求完美无瑕，为的是像做工艺品一样培养每一个学生，用情用心。"卓越文化"的建设，为学校更好地再现、抬升精致完美的办学格调发挥至高的作用。

刻苦用功的勤奋价值——中华民族以刻苦用功、勤奋努力著称于世，不论是在艰苦卓绝的年代，还是在今天相对稳定的社会环境，刻苦用功与勤奋努力始终伴随着，不曾离弃。中华民族这一传统流传至今，是流淌在子孙血脉里的顽强基因。靠着这一传统，人们用智慧和双手创造了改革开放的佳绩。进才实验小学在前期的办学中，乃至现在的发展中，不忘刻苦，用功办学，勤奋耕耘，谱写了一曲曲优教优学的凯歌。"卓越文化"的构建，为刻苦用功的进才精神做了新的注解。

2. "卓越文化"与人类优秀经典文化的汲取

同中华民族优秀传统文化一样，其他国家也有着自己的优秀传统文化，共同组成了人类优秀经典文化。学习、吸收人类优秀经典文化，对于丰富办学思想、丰厚教学质量、丰硕育人成果，具有促进作用。

虚怀若谷的学习心态——对于外来文化，我们应采取正确的态度。外来文化中的精华，是人类优秀经典文化的组成部分，应当敞开胸怀，学习借鉴。开放的社会，要有开放的心态，宽广的视野。办教育，不能固守一块，而要心通四方，眼观八路。处在改革开放前沿浦东地区的进才实验小学，与外国文化与教育发生交集的概率相对高些，有正常的交流交往原则与心态，是非常必要的。"卓越文化"能为学校保持正常交流心态、敞开交流渠道提供正当的保障。

兼容并蓄的吸收原则——把不同内容、不同性质的东西收下来，保存起来，是兼容并蓄，当然是有甄别的兼容并蓄。先有兼容并蓄，后有博采众长。兼容并蓄是心态，也是勇气。兼容并蓄是眼光，更是胸襟。办教育，要有博大的胸襟、宽广的肚量，容得下外来的东西，蓄得住不同的观点。卓越是在开放的环境与先进的东西互相交融中生长、壮大的。"卓越文化"为学校兼容并蓄的开放姿态提供了良好的生成环境。

平等相待的交流态度——对外交往应该坚持平等互利、互相尊重的原则。在对外交往中，既不妄自尊大，也不妄自菲薄。不是来者都"善"，也不是来者都"恶"。对于自己的特色与擅长，既不要过高估计，也不能有自卑心理。平等中赢尊严，平等中显气度，平等中有气质。平等是对外交流交往的原则。"卓越文化"为学校在与外方交流中大度地平起平坐提供了坚强的自信。

取长补短的务实态度——每个国家的文化都有长处与短处，都有着自己独特的优势所在。吸取别人的长处，弥补自己的短处，是学习吸收人类优秀经典文化的目的。善于发现别人的长处与优点，并善于用来弥补自己的短处，能更快地得到发展。这种中西融合的优势特色，有着更好的生长发展基因，甚至带来跨越式的发展。"卓越文化"为学校取长补短打开了广阔的视野。

3. "卓越文化"与教育属性有机联系的互融

教育属性，就是表达学校要培养什么人的根本问题，这是学校无法回避的重大问题。"卓越文化"则是为寻求这一答案表明自己的立场。

立德树人的本质要求——社会主义学校的教育属性决定了学校培

养人的方向与目的。社会主义事业的建设者与接班人，是学校的培养目标，从这一目标出发，立德树人是学校的根本任务，是学校育人的方向问题、原则问题。立德树人，先要解决好立德的立意、方法，树人才能跟上，人才能立起来。小学时期，是立德树人打基、塑造的重要时期，根正才能苗直。"卓越文化"为学校落实立德树人根本任务奠定了坚实的实施基础。

服务社会的价值体现——服务社会是学校一大功能，也是学校教育属性使然。学校的存在，教育的开展，必然有其深刻的社会原因及价值。一定的社会有相应的教育与之适应，有相应的学校与之配套。学校服务社会天经地义，在服务社会中体现学校价值。进才实验小学通过提供优质教育、培养优秀学生、满足家长期望、提升区域教育水平来直接或间接地服务社会，体现了作为同类学校排头兵的作用和优质教育的影响。"卓越文化"使学校服务社会的理念与行动更加理直气壮。

融入区域的密切联系——教育存在于社会中，学校存在于地域中。学校的学生大部分来自所在地区，为本地区提供优质教育是学校的社会责任。主动融入区域社会经济，特别是融入区域教育发展，是学校面向区域、立足社会的本义选择。学校与区域的关联度越高，区域对学校的依存度也越强，学校的服务价值也就越大。融入区域的关键是学校办学水平与质量。加强与区域的联系，倾听区域各界的呼声，做出学校的回应，让融入区域落到实处。"卓越文化"为学校进一步融入区域的努力输入了足够的诚意。

做强学校的应有之义——体现教育属性与学校办学实力有关系，与学校发展目标有关系，与学校育人效果有关系，与学校管理机制有关系。充分体现教育属性，是学校所以成为学校的必需理由。学校应当从上述诸方面加强建设，以卓越精神，围绕培养合格学生为目标，做强做实学校各方面工作。"卓越文化"为强化学校建设提供了强劲后援。

4. "卓越文化"与全面发展核心素养的贯通

当全面发展的核心素养成为当前学生发展素养的标配时,"卓越文化"的培养目标内涵当与全面发展核心素养的指标本质相通,"卓越文化"的兴建才有意义。

发展目标的高度相同——全面发展核心素养集中展现了新时代学生应具备的、能够适应终身发展和社会发展需要的必备品格和关键能力,是五育方针的具体化,是立德树人根本任务的细化,其培养目标指向十分明确。而"卓越文化"以培养卓越人才为卓越导向,以卓越思想为价值、卓越发展为指南,以卓越精神全面育人,把立德树人根本任务通过卓越育人过程予以落实。因此,两者表述不同,但是培养目标完全一致。"卓越文化"的构建,使立德树人根本任务的实现成为最大可能。

内涵要求的深度趋同——全面发展核心素养具体由三个方面、六大素养、十八个基本要点组成,涵盖了当代中国学生发展的要素维度。而在学校卓越办学的思想引领下,其办学思想、办学理念、办学目标、培养目标、校训、团队文化所具的内涵,都充分体现了全面发展核心素养的主要方面,经过含义扩展能基本与核心素养指标内涵重合。"卓越文化"的推出,将进一步明确学生培养目标的全面发展要求,更加有力地予以实现保障。

实施理念的一致等同——无论是全面发展的核心素养,还是"卓越文化"的育人内涵,其实施理念都是通过学习与实践、领会与模仿、明理与立志、成长与成才等方式进行。进才实验小学则注重过程的反复确认,做到引导启发与自主体验相结合、课程教学与实践活动相结合、课内课外相结合、校内校外相结合、学校家庭相结合。"卓越文化"的营造，为学生培养目标的落地落实找到了更加适合的实践途径。

适合校情的校本认同——由于各个学校校情学情的千差万别，难以用标配的全面发展核心素养来照搬实施，学校也难以用标配的理念、方法、手段等整齐划一地实施全面发展核心素养的各项指标。而"卓越文化"则以卓越的办学理念及卓越育人的特色，营造培养目标的氛围，搭建全面育人的舞台，通过全面发展核心素养的校本化实施，把立德树人根本任务、核心素养发展要求落稳落实。"卓越文化"的建构，为全面发展核心素养的有效落实提供了切实可行的学校方案。

（三）"卓越文化"基于定位的有机关联

"卓越文化"在进才实验小学的产生，有其历史的必然性、现实的必要性，学校的发展过程，证实了"卓越文化"是学校发展的"自然进程"。

1. 从"一般学校"到"优秀学校"：横向延伸

从一般学校到优秀学校是一个很大的跨度。优秀学校的炼成，要有办学者的志向、理念、决心，要有师生的向往、追求、实干。

办学初始的创业立志——进才实验小学发端于进才实验学校，后单列出来举办小学。正如许多学校一样，不是在办学初期就天然地成为优秀学校的。进才实验小学从单独举办小学起，就有强烈的意识，要把学校办成浦东地区一流的小学。具有进才品牌的优秀基因是一回事，但是靠自己努力去搏出一片天地则是另外一回事。学校向创业要发展，向创新要动力，向创优要质量，创字当头，裹挟着进才品牌的余热，做出了属于自己的事业。

收获成功的创业果实——进才实验小学不愿沉湎于进才招牌的表

面上,而是要做出实实在在的成绩,让社会和百姓看到真正的进才实验小学的模样。我们把过往的一切归零,在再出发的路上坚持不辍,坚守初心,倾注满腔热情,做好每一项工作,大胆创新教育理念,勇于探索教育实践,取得了优质发展的捷报。功夫不负进才人,在学校领导带领下、全校师生努力下,终于把进才实验小学带进了浦东地区优秀学校的行列,赢得了社会、百姓的称誉、赞扬,优秀学校实至名归。

2. 从"优秀学校"到"卓越学校":纵向深化

卓越一定是优秀的,但优秀并非一定是卓越的。追求卓越,已是进才实验小学的办学标配。

征程路上的再度发力——不满足是进才人的性格,求新求变是进才人的精神。得到了优秀学校之名,赢到了交口称赞之誉,使进才人冷静思考,摆正位置,展望未来。所谓优秀,实为阶段成就,过程荣誉。此时优秀,非彼时亦是。奋力划向前,才能赢在上游。进才人把优秀学校作为发展征程中的曾经,再取佳绩,才是进才人的志向。向着卓越的追求,我们再度"披甲上阵"。

追求卓越的不懈努力——卓越是超群跨越,呈现最好。进才实验小学的卓越理念、卓越风格、卓越品位、卓越情怀,在办学发展中越来越清晰、越来越炽烈、越来越成熟。卓越,是办学的至伟、发展的至高、育人的至深、做事的至精。卓越须追求,努力方达志。有了卓越的意念,进才实验小学向着更高的目标前进,开拓出前所未有的"处女地",刷新一个个新纪录。

3. 从"卓越学校"到"幸福人生":全向演绎

为学生构筑幸福人生梦想、创造幸福人生条件、打好幸福人生基础,是卓越学校的应有之义。

育人目标的崇高升华——做卓越学校固然是办学的内涵发展、对外的形象塑格,是学校追求的愿景、现实的需求,但是,卓越学校不是目的,通过打造卓越学校,使学校具有更好的办学条件、更好的教育教学手段,从而更好地服务于育人,这才是卓越学校追求的目的。幸福人生是人生至高境界,是学校育人的崇高目标。小学阶段的育人工作,是为学生一步步成长奠基。基础强一分,发展强几分。卓越的学校,卓越地育人。

缔造幸福的大爱格局——学校不再是知识授予、能力培养的简单重复教育。学校施教,在给予学生知识能力的同时,帮助学生学会编织自己的幸福人生,是教育的要义。授课传教是爱,教会学生用钥匙打开幸福人生大门的方法是大爱。幸福人生,是学生知识能力的充裕、人格修养的充满、理想志向的丰满、美好憧憬的丰足。为每一位学生量身定做幸福人生的图景,是学校办学立教的大格局。

二、“卓越文化”内核的关键要素

“卓越文化”构建进入核心地带，必然有文化理念的内涵界定、顶层文化要素的整体呈现。“卓越文化”架构的核心要义和整体呈现方式的具体展现，对于系统、完整理解并精准实施好“卓越文化”，具有关键的导向作用。

（一）“卓越文化”的建设要义

建设“卓越文化”，首先要解决好最顶层面的立意问题，十分清晰地勾画出属于理念性、指导性、发展性的指向问题，用来指导“卓越文化”构建的具体问题。

1. 指导思想

我们把“卓越文化”建设的指导思想概括为：文化立校，思想立本，品质立足。

文化立校：让文化的精髓、精神的寄托丰满校园——用文化的力量撑起师生卓越价值；用文化的活力抖擞师生卓越精神；用文化的魅力凝聚师生卓越愿景；用文化的张力拥立师生卓越行为；用文化的实力推动学校卓越发展；用文化的魄力构筑落实立德树人根本任务卓越阵地。

思想立本：让思想的纲举、理念的导向统领发展——用新时期中国特色社会主义思想指导学校一切工作；用立德树人根本任务统领学校卓越育人工作；用卓越办学思想引领学校不断发展；用卓越教育理念推进教育管理与教学质量创新；用卓越文化价值激发全校师生凝心聚力。

品质立足：让品质的内涵、品格的魅力演绎全局——用卓越精神打量学校工作；用卓越理念丰富学校发展；用卓越文化潜入师生心脑；用卓越自觉规范师生行为。品位是学校办学的卓越；品牌是学校立校的荣誉；品质是学校教育的信誉；品行是学校榜样的作用；品貌是学校形象的靓丽。

我们认为，"卓越文化"的指导思想，应着重关注以下四点：

一是关键在于认识，即确立"文化立校"思想。认识到文化立校对学校转型发展的重要意义，它是创新发展的动力保证、优质办学的关键作用，真正把文化立校思想转化为全校师生的统一意志。

二是核心在于用当，即运用"卓越文化"得当。学校文化是用价值、精神、愿景等来要求、规范、凝聚师生的心愿与行为，应当用文化的概念、方法打造"卓越文化"，让"卓越文化"有效切入师生心田。

三是重点在于营造，即营造"卓越文化"氛围。在有效组织、宣传、发动下，充分发挥文化渗透力、影响力作用，使"卓越文化"渗入学校各工作层面，浸润师生思想，熏染师生行为。

四是要领在于深耕，即规范"行为路线"。反复学习、宣传"卓越文化"，建立全校师生学习、实践、反馈"卓越文化"的贯彻落实机制，形成条件反射，养成自觉习惯。

2. 建设原则

"卓越文化"的建设，需要注重高位引领，因此，我主张：内涵导引，

需求导向,优质导路。

内涵导引：让内涵的充实、进取的精神创新卓越——用优异质量的成效引导学校创建卓越;用优质发展的目标引领学校构建卓越;用创新求变的精神引发学校建设卓越;用永不自满的英气指引学校建树卓越。

需求导向：让需求的动力、突破的胆略赢取卓越——以立德树人的育人任务为卓越导向;以提供优质教育供给的能力为卓越指向;以为搭建学生幸福人生成长平台为卓越方向;以融入社会创新服务为卓越面向;以内生动力自我加压为卓越志向。

优质导路：让优质的执念、完美的情怀缔造卓越——用优异的工作标准衡量卓越态度;用优秀的人才质量定义卓越精神;用优胜的工作业绩赞美卓越价值;用优美的校园环境回报卓越信念;用优雅的仪表仪态感恩卓越牵手。

“卓越文化”的建设原则,应重视下列提示：

一是通盘考虑原则。“卓越文化”建设是个系统工程,内涵非常丰富,涉及学校工作各个方面。应顶层设计、整体规划、全盘统筹,形成长效建设机制。

二是以建为主原则。“卓越文化”对学校来说是全新的学校文化,须从开始起步,边建设边学习边实施。在实施过程中的整改、提升,也是建设的要义。文化是树人工程,建设需从长计议。

三是成熟实施原则。“卓越文化”在建设中,有先建成的,有后建成的。建设应与实施衔接,建设要与落实配套。对于比较成熟的部分,可以先行实施,以试点带动层面,以层面推广全校。

四是反馈落实原则。“卓越文化”在实施中,会有与预期不一致的地方,会有改进的余地,通过建立反馈机制,予以评估,扬长克短,不断推动"卓越文化"的完善、改进和提升。

3. 总体目标

"卓越文化"的建构，是为了更好、更高、更优地办学和育人，因此，"精致办学，精彩教育，精准育人"是我们的追求。

精致办学：让精致的匠心、缜密的思虑编织办学——用精巧的手法把关学校发展的任何细节，以致敬卓越；用细致的用功执着学校创新意念的持续勃发，以致意卓越；用精巧的构思营建学校发展定力的强大气场，以问候卓越。

精彩教育：让精彩的纷呈、出色的营造扮靓教育——让有神采的教育成为学生的向往，成就卓越学业；让有精神的活动成为学生的乐园，锻造卓越平台；让有出彩的教学成为教师表演的舞台，造就卓越发展；让有思想的教育洗礼师生的心胸，获取成长卓越。

精准育人：让精准的方法、关爱的用心培育学生——感恩卓越，用精心的呵护教导学生明德；拥抱卓越，用精熟的爱心守护学生成真；亲近卓越，用精细的耳语嘱咐学生向善；体验卓越，用精湛的场景示范学生懂美。精准是眼光，也是用心。

"卓越文化"的总体目标，应着重注意下列事项：

一是突出创建。"卓越文化"建设应始终以创建为抓手，落实总体目标也应以创建为突破。创建是以创造性的建设来推进总体目标的实现，是寻求质的发展，而不是量的变化。

二是发展推动。"卓越文化"应以发展的理念来加以推动。时代在前进，学校要发展，"卓越文化"也应与时俱进，适应变化发展的形势，永远保持"卓越文化"的先进性、引领性。

三是循序渐进。"卓越文化"总体目标的实现，应循序渐进，因时制宜，因地制宜，有序推进，稳妥实施。根据学校实际，重点突破，局部试点，成熟推广。因文化的渗透、影响作用，“卓越文化”随着推进过程逐渐深入人心，以合围之势扩大影响，渐成整体。

四是落地有声。“卓越文化”实施应落实到位，具有文化的模样、文化的魅力、文化的效果、文化的崇尚，真正凝聚起全校师生的思想、愿望，鼓舞起全校师生的斗志、干劲。

4. 品质特性

“卓越文化”是进才实验小学的独特文化，具有丰富而特定的内涵，我把这些内涵概括为：核心文化、关键文化、品质文化、生态文化、意志文化。

“卓越文化”，是以党的教育方针为灵魂，全面落实培养中国特色社会主义的建设者和接班人为根本任务，提高办学质量的核心文化；

“卓越文化”，是以深化素质教育为向导，科学实施德智体美劳“五育”，促进学生全面和个性发展的关键文化；

“卓越文化”，是以社会主义核心价值观为标杆，发扬中华民族优秀传统文化，提升育人规格的品质文化；

“卓越文化”，是以先进的教育理念为指引，植入一流学校发展基因，发育现代小学教育细胞的生态文化；

“卓越文化”，是以与时俱进为阶梯，勇攀优质高峰，智登品质高端的意志文化。

“卓越文化”，具有如下一些基本特征：

——高端性：这是“卓越文化”的“性格”，表示对理想的追求。做什么，都有高低之分、程度之别、上下之辨，以高端为标准，突出了“卓越文化”的定位。

——高质性：这是“卓越文化”的“人格”，表示对质地的关注。成什么，都有层次之分、类别之别、左右之辨，以高质为准绳，显示了"卓越文化"的方位。

——高品性：这是"卓越文化"的"风格"，表示对诗意的青睐。像什么，都有真假之分、色调之别、韵味之辨，以高品为标杆，体现了"卓越文化"的品位。

——高效性：这是"卓越文化"的"律格"，表示对速度的关切。能什么，都有快慢之分、优劣之别、受废之辨，以高效为标尺，表现了"卓越文化"的落位。

（二）"卓越文化"的核心演绎

"卓越文化"博大精深，意蕴万千。构筑"卓越文化"，应从其核心内核部分的理解开始，方能层层深入呈现其内部机理。

1. "卓越文化"的基本定义

在对"卓越文化"进行定义的过程中，我认为要在"卓越"两字上挖掘元素，因此概括为：卓以达标，越而致品。

卓：超高，超，不平凡，卓见，卓然，卓越，卓著，卓绝，卓异。卓，超常的理念，高超的水准，卓然的业绩，卓著的发展。学校以卓越为荣，以卓越克己。卓，既有指物，也是为人。卓越学校，必有卓越之人。由卓越师生，开创卓越学校。

达：通达，对事理认识透彻、表达、实现。学校实现卓越的途径顺畅，对卓越认识的到位，对达成卓越目标的胸有成竹。

标：标志、标准、目标。做事要有标准，育人应有目标，特色要有标志。标，是卓越的规范，正统的卓越。

达标：达到标准。规范办学，守住标准，可达卓越。达标，绝非达到标准即可之意。只有创标，才有作为。

卓以达标：用卓越的理念、卓越的追求、卓越的水准达到卓越办学的标准，彰显学校卓越才华。

越：度过、超出、程度加深、情感扬起、昂扬；越，还有跨越、越发、超越之意。学校与越有缘，对越情有独钟，是因为学校生性喜欢跨越、超越，不愿被束缚，不肯小步走。

致：给予、集中、达到、实现、以致、引起、精密、精细。致，是学校致力于的意思，是集中发力的指向，是学校目标明确的“以致”。

品：品质、等级、种类。做事讲质，育人有品；有品位的学校，讲品质的教育。品，是众口皆碑的称赞。

致品：讲究、达到完美品质的程度，追求极致品位的地步。表示学校办学气质上的追求、理念上的崇尚。

越而致品：超越发展的秉性，学校致力追求至上的办学品位、至高的教育品质。

2.“卓越文化”的核心术语

“卓越文化”的核心语言必须有特点，我将其概括为：立正向卓，跨步超越。

立：竖立、向上、建立、树立。立形象、立理念、立口碑、立情怀，立起高大、博大的进才。

正：中间位置、正面、正直、正当、真正、正气。办学要正、理念要正、育人要正、风气要正。只有上正，才有都正。只有方正，才有担当。

立正：站立在办学发展的正道上，树立起正面形象的学校教育，建立起正直办学的成事信念，确立起正义做人的人生始点。

向卓：向，是方向性的选择，是朝向的主动与渴望。向卓，学校十分钟情的面对方向，只因是卓越，而无怨无悔。面向卓越，学校初心不改；目标卓越，学校矢志不渝。意志所趋的卓越，学校坚定有加。

立正向卓：立好了，站正了，以立正向卓越致敬，以立正向卓越要约，以立正向卓越进发。立得正，够卓越；站得直，强卓越。向着卓越，进才人大踏步地正步走来。用卓越以正办学方向、用卓越以正教育思想、用卓越以正育人目标、用卓越以正师生行为。

跨：跨过、越过。跨，有难度，每跨过一道坎，都是勇气的付出。跨，有技巧，每一次成功的跨越，都是智慧的得当。在跨中，进才人享受酣畅。

步：脚步间距离、用脚走、阶段。步，是踏实的生性，是坚定的自信。走好每一步，是对接近卓越目标的赞赏；走稳每一步，是对卓绝努力的回报。

跨步：是移动的方法，前进的姿势，上前的起跳，一个动作的完成。跨步，是意志的较量，是胆略的博弈。用跨步的幅度丈量卓越，用跨步的力度检验卓越，用跨步的亮度彰显卓越。

超：超出、高过。超，发展的利器。无超不先，无超不胜。超，是创新者的专利，争先者的果敢。弯道超越是胆识，加速超越是意识。

越：办学中，越界、越线是常有现象。底线、红线不能越，是非界线不能蹚。把握度，才叫越。越是对墨守成规的叛逆，对不思进取的鄙夷。只有越过去，才有一片新天地。

跨步超越：跨步的力量，彰显学校优质高速发展的气势；跨步的速度，突破前进路上曾经的距离；跨步的质量，凸显追求卓越的办学情愫。超越是对跨步的微笑，是对跨步的赞许。没有跨步，何来超越；不敢跨步，无缘卓越。超越是理想的寄托，更是卓越的伙伴。

3.“卓越文化”的特色育人

“卓越文化”形成后，必然会对育人特色进行描述，我将其概括为：自信卓尔，成功越腾。

自信：是对自身价值的坚定。自信，是一种积极的心态，向上的力量。自信，是成功的阶梯，是成就的来源。自信，是人生的赢家，是幸福的港湾。自信是对自身力量的确信，深信自己一定能做成某件事，实现所追求的目标。我确信，我能行。

卓尔：超出寻常，非常不同。每位学生都是个体，有着与他人不一样的个性，有着自身特有的优点长处。把它们放大，就是出彩，非比普通，也即卓尔。人人都有卓尔，个个都是卓尔。

自信卓尔：把信心立足，把自我看高，相信自己能成功，深信自己会梦想成真。自信是学生的“护身符”，立身的见面礼。信任自己，相信自己是唯一的，相信自己是独特的，卓尔就会与自己形影不离。自信成就卓尔，卓尔给予自信。自信教育，是育人的打基；卓尔教育，是育人的秘方。

成功：收获、预期、获得预期的结果、在人生道路上实现自我价值、实现理想和目标。让实现目标成为可能，让预期的设想变成现实，让学生的努力看到“变现”的希望。“不积跬步无以至千里”，成功是过程的积累，是付出的努力。

越：跨越，超越。战胜自我，挑战自我，超越自我。

腾：奔跑、跳跃、上升。腾，是实现愿望的一跃，摘取目标的纵身。人生，需要腾的借力；学业，要有腾的助力；成长，应有腾的参与。

越腾：是超越与飞腾的叠加，是跨越与升腾的握手。越腾，是追求高度的向往，是奔向远处的志向。有越腾的架势，成功就在咫尺；有越腾的现身，成功胜利在望。

成功越腾：让学生成功，是进才的心愿；使学生发展，是进才的宏愿；令学生幸福，是进才的祝愿。成功，是学校教育的目标；学生成功，成功学生，是学校办学的目标。让学生动起来，向着崭新的高度升腾，去触摸成长的果实，去体会成功的快乐。

4. "卓越文化"的视野拓展

"卓越文化"视野开阔，我将其概括为：卓厉创生，越能致远。

卓厉：振奋向上。提振精神，勇毅意志，超越自我，永攀高峰。向上一步，海阔天空；登高一站，尽在脚下。向上，需要勇气，更有意念。永不停顿的卓越，就在不断地向上，无尽地发现。

创生：创造产生、生而成长。创生，有创有生，创是一切"生鲜"的动力、源泉。只有创，才有生命的旺盛。信赖创，进才才会生生不息。创生，是创造新的方法、开拓新的视野、开辟新的天地。

卓厉创生：以卓著的姿态创造生机——卓越的常新，是不断严厉追寻的恩赐；卓越的清新，是持续更新的结果。发展无止境，卓越无终点。开拓、进取，是卓越是本家。创生，是创造新生的事物，创造新的生命，给予新生的事物、生命以成长能量。学校发展质量，关键在于创造新的生长点，创建新的动力机制，让新生的力量开花结果。

越：越来越迫切，越来越成熟。超越的境界，高超的身手。

能：能力、能量、才能、动能、能耐。能，能容天下事，能装百姓愿，能解发展难，能育好人才，能出好经验。能力绰绰，彰显水平；能耐强强，显现功力；能量大大，体现实力。

越能：超强的能量，高超的能力，非凡的才华，是学校拥有优质办学、优教育人、优先发展的资质。越是使超，越能发展；越是赶超，越能卓越。

致远：到达远方，致力于远大理想，引申为远大的理想、事业上的抱负。专心致志，集中力量，才能到达理想的彼岸，实现宏伟的目标。致远是心境的宁静，是志向的嘱托，是目标的呼唤。

越能致远：以攀登的追求放眼未来——拥有内心的强大，具有超强的能量，独有超常的境界，方能实现抱负，到达卓越的驻地。不断超越，才能越能；接受挑战，越能本色。致远是心的寄语，心的静地；致远是境界的开阔，战略的笃定。致远，向远方的理想致礼，与前方的目标握手。办学，是能量的集聚，是奔赴远方的征程。

（三）“卓越文化”的内蕴标义

作为学校文化范畴，“卓越文化”有着文化所具有的深刻蕴义、丰富内涵。“卓越文化”作为学校文化的唯一，又有着特定的认从、特殊的解释，是建设“卓越文化”在高位上认识的本质要求。

1. 办学宗旨

“卓越文化”体现在办学宗旨上，我主张概括为：卓学越生，启蒙明义。

学：学习、学问、学校、学科、学生。对于学校，学习是常态，学科是主抓，学问是基石，育人是根本。

卓学：办卓越之学校，持学科之优势，创学问之精进，促学习之质量，出人才之品质，是进才之卓越执念。卓学，之于学校，任何组成部分一个都不能少。

生：学生、生长、生命、产生、发生。生，学生是主体，学生是学校的生命，学生是学校发生奇迹的本源。爱护学生，天经地义；呵护学生，道义责任；成就学生，义不容辞；输送幸福，大爱无限。

越生：以卓越的精神培养学生，给学生成长以充沛能量，给学生成才以最好营养，给学生成就以强大支持。越生，是学校发自肺腑之爱，是学校倾力之举。

卓学越生：卓越办学，是为了卓越学生造就。学生是本，围绕学生，学校根本。卓越学校，以卓越学生为荣，以学生健康成长为傲。是学生的卓越，成就学校卓越。卓越，当是学校办学至宝。

启蒙：启迪、启发，开发蒙昧，明白事理。小学生成长特点所致，需要以启为主，用启去蒙，因启弃昧。学生启蒙，即去掉无知，装填新知，用科学知识体系充实头脑。

明义：义，道理、大义、正义、情义。明义，晓明大义，明白道义，分明情义。义，学生德的化身，做人的立身，做事的品质。义，应从小明了，从细微处抓。义，有大义和小义。民族魂、时代志、国家情是大义。义气、侠义是小义，需要引导，引导得法，小义助大义。

启蒙明义：启蒙教育是小学的主要内容，从不经事的学生成长为具有科学头脑、健康身体、懂事晓理的少年儿童，是学校的全部功力所在。启蒙的关键是明义，知晓义理方知蒙昧。明义，让学生远离蒙昧；明义，让学生明白蒙昧的来龙去脉，从此告别蒙昧。

2. 办学理念

"卓越文化"体现在办学理念上，我主张概括为：超卓越育，绽放生命。

超卓：卓然的发展观，卓见的教育思想，卓识的办学定位，卓著的育人成果，体现在卓越追求中，镌刻在师生表情上。超卓，是超越自我，卓越自我。

育：教育、育才。育，须有教的参与，是目的性、指向性非常强的育人活动。育什么人，是立场；怎样育人，是智慧、艺术。学校所有活动，无论有意与否，最终都向育人集中。

越育：育人有理念，也有方法，理念主导，方法主教。理念卓绝，方向不偏；方法高超，效果奇佳。小学生的培育，更讲究方式方法，摒弃灌输，推崇引导；远离枯燥，运用形象。

超卓越育：为每位学生的卓越发展服务。办学理念的超群，是卓群育人效果的保障。超卓的办学追求，是追赶时代发展、与时代共舞的气魄。卓越的人才观，是学校教育匠人精神的展现。在进才人眼里，所有学生都有可能做最好的自己。

绽放：开放、绽开、盛开。绽放，是心愿对飞翔的渴望，是思想对自由的赞歌，是青春对理想的拥抱。绽放，是热烈的由衷，奔放的情感。学生的理想需要绽放。绽放，使学生充满活力，尽情展示自己，表达自我。绽放，是新时代学生的性格符号。

生命：生命是生物的存在形式，是生物具有的生存发展性质和能力。人是最充满活力的生命体，人的生命具有物理意义和精神意义。生命的价值在于奉献，在社会进步、人民幸福中看到了自己因奉献而存在的意义。小学生处于生命生长期，教育学生热爱生命、珍惜生命，懂得生命对于奉献的意义，生命对于成长的要义，生命对于事业的含义。

绽放生命：让美好的生命像绚丽的花朵一样盛开，让珍贵的生命随着天真烂漫的思绪尽情地放飞。绽放是对生命的礼赞，对生命的放歌，也是对生命的自信。让学生在生命的绽放中悟懂生命。

3. 办学目标

“卓越文化”体现在办学目标上，我主张概括为：卓然越群，成长乐园。

卓然:卓然是体现,是成就,更是追求。没有最卓然,只有更卓然。咬定卓然不放松,向着卓然要卓然。

越群:群,群体和事物,指师生,也指学校实体、办学成效等。超卓的师生,是学校办学最可宝贵的财富,是最引为骄傲的。卓越的师生,造就了卓越的学校。

卓然越群:一流学校,当有超然师生;卓越办学,应有卓然成果。卓然,办学使然;越群,目标超群。

成长:成长是走向成熟。学生在成长,教师在成熟,学校在发展。成长,具有生命的活力和生长的旺盛力,具有发展的接力。成长是希望。

乐园:快乐的园地,愉快的家园。乐园,小学生喜欢的场所,把成长环境当作乐园,正应了学生成长规律。寓教于乐,形象引导,活动有加。在乐园般的校园里,学生在阳光沐浴下健康快乐地成长。

成长乐园:在适合的环境中成长,在和谐的氛围中成熟,在爱意的浸润中感知。成长,在进才是众手烘托,极尽施与,想方设法地为学生提供最好的条件。进才的时空,是乐园的营造,是身心舒展的所在。

4. 育人目标

“卓越文化”体现在育人目标上,我主张概括为:卓德越才,灵动见长。

德:道德、品行、心意、志向。人之成才,以德为先;人之成长,以德为重。德,是学生最重要的发展尺度。

卓德:高尚的道德,优良的品行,是学校卓绝的培养目标。德高是标杆,卓绝是用力。卓之所向,德为所立。育德,卓到之处,所向披靡,卓到功成。

才：才能、才干、才气、才华、人才。才，是可用之人，能用之人。才，是人才，需要之人。学生成才，学校所冀，育人所成。从一般之生，到成长之才，过程见功夫，结果呈优秀。

越才：优秀学生，出众学生，拔尖学生，即为成才，也为人才。越才，育才，用卓越的理念方法育人，以培养卓越之学生为己任。

卓德越才：在育人目标上，极尽努力，用最有效的方法、最通畅的途径，培养具有社会之品、时代之德的出色人才。

灵动：活泼、有才气。灵巧敏捷、活泼灵气，是现代小学生应具有的性格与特长。灵动，是积极思维的表现，是积极投身于学习与活动的流露。灵动的学生，机敏、聪明相随，合作、融合相伴。灵动的学生，善于表达，被人注意。灵动的学生，易于塑造，易获发展。

见长：在某些方面有特长。学生要有特长，特长是学生不可或缺的重要成长要素。特长是人格优势的标记。围绕特长，带动其余，成为有个性、有特长的成才学生。

灵动见长：培养有灵气才气、活泼可爱、聪明伶俐的学生，发展学生的灵动特点，使具有灵动特点的学生成为学校育人的一个所长，形成学生培养的一个特色。

5. 学校精神

“卓越文化”体现在学校精神上，我主张概括为：进取有我，才华如我。

进取：努力上进、立志有所作为。进才，与进取“结拜”，“命中”注定与进取“结盟”。进取是进才的“第二校名”，是办学认定的最佳朋友。在进才所有工作中，都深深烙上了进取的印记。

有我：在学校各个工作层面，都有我的存在，有我的痕迹，有我的思想，有我的身影。其实，有我，一定少不了你和他。你我他，才是真正的有我。

进取有我：进取的学校，一定会有为之付出努力的我的笑容，一定会有我为之倾情过的骄傲。我为进才的进取精神折服，并为之感动。进才每取得的进步，都是我的进步。进才有我，我有进才。

才华：表现出来的才能。进才，是才华的"替身"；才华，是进才的身价。经略多年，进才人才济济，进才发展茂盛。如今的进才，满地才华、尽显芳华。

如我：像我。像我，是我。广大师生为进才呕心沥血，倾注全力，给进才留下了难以抹去的印象，进才的故事中有我，进才的历史中像我。

才华如我：是进才培养了我，使我拥有高尚的道德、不凡的学力；我成长了、成熟了，该是进才为我骄傲的时候了。这是进才最为高兴的时刻。才华如我，我如进才。

6. 学校形象

"卓越文化"体现在学校形象上，我主张概括为：卓著如旭日东升，越誉如浪涛澎湃。

旭日东升：初升的太阳，形容朝气蓬勃的景象。学校像一轮初升的太阳，朝气蓬勃，将金辉洒向莘莘学子。

卓著如旭日东升：进才实验小学卓越超绝的办学成就，像冉冉升起的太阳，光焰万丈，气势恢宏，洒满大地，惠及周边，恩施众多。

越誉：誉，名誉、称赞。学校办学有方，赞誉多多，名誉接踵。这是卓越对称誉的赞美，卓然对学校的点赞。

浪涛澎湃：波涛相击、激流澎湃、涛如雷鸣，形容声势浩大、气势雄伟。如潮的浪涛滚滚扑来，气势遮天，汹涌澎湃，这是对学校卓越办学赞誉的形容。

越誉如浪涛澎湃：社会各界对学校卓越成就的称誉，犹如滚滚而来的浪涛，声势浩大，气势雄伟，令人赞叹！外界的赞誉，是对卓越学校的鞭策；跃马加鞭，是对继续卓越的回敬。

7. 育人境界

“卓越文化”体现在育人境界上，我主张概括为：大爱融化，进德才旺。

大爱：是宽广博大的爱，深沉厚重的爱，无私奉献的爱，不求回报的爱。大爱，一个大字，容纳了学校对学生无限之爱。大爱胸襟，进才情怀。

融化：融，固体受热变软或化为流体。融化，把（冰、雪等）变成水等液体。融化，融的是学校对学生茁壮成长的爱意，对学生全面发展的倾注；化的是学校对学生强根铸魂的心思，对学生成长进步的努力。

大爱融化：把宽广、博大、浓重、无私、深情的爱，融进学校育人工作的全部，融入学校对学生成长成才的精耕细作之中；化作学校对新时代学生的殷切希望，对学生走上幸福人生道路的由衷期盼。

进德：进，表示进才。进，向前、发展、进入、接受。进，进德，对于学校，即推进德育教育，进化德育效果，发展德育成果；对学生，即接受德育教育，收获德育效果。进德，要在进字上做足文章，要让德真正进入学生头脑。

才旺：才，表示进才。才，才能、人才、才气、才华。旺，旺盛、充足。表示学校学生培养工作兴旺、质量兴盛。

进德才旺：学校注重人才培育，全面育人，全体育人，全程育人；在大力营造立德树人根本任务氛围中,学校育人工程兴旺气盛,人才辈出,从微笑走向新的人生高度,接受新的挑战洗礼。

8. 形象口号

“卓越文化”体现在形象口号上,我主张概括为:无愧进才,荣载才进。

无愧:没有什么可以惭愧的地方。进才师生用无愧回答学校的卓越。

无愧进才:师生在进才的呵护庇荫下,幸福工作,健康成长。他们无愧奋斗,无愧拼搏,无愧进才的培养,无愧曾经作为平台的进才。

荣载:荣,荣誉、荣耀。载,装载、承载、记载、充满。荣誉载满,荣耀丰载,殊荣记载,荣光承载。进才的荣,装不下,载不完。

才进:才与进,指学校,也指才华、才能、进行、进入、进展、进程等。学校处处有人才,时时显才华。进才,本身就是才华的化身,才干的加身,才能的安身。

荣载才进:满载荣誉凯旋,收获荣耀告慰,由进才师生创造,由学校荣光珍藏。我创造,我骄傲;我贡献,我自豪。进才是才气的聚焦地、人才的集散地、成就的云集地、理念的凝集地。才,刚聚满,又生发。

9. 校训

校训,要集中体现“卓越文化”的精髓,我将其概括为:健、乐、和、实。

健:强壮、健康。这里,一指生理健康,二指心理健康,三指生活健康,核心是“健康第一”。身体健康是立足社会、开创事业的基础,强壮体魄是经世济民、报效祖国的条件。拥有健康的身体，让生命价值发光，是进才教育观的健康理念。

乐：欢乐、快乐、乐观。这里，一指生长快乐，二指获得快乐，三指创造快乐，关键是“校园快乐”。乐观是心境，快乐是体验，欢乐是感情。乐，是提升工作效率的“甜蜜剂”，是徜徉学习海洋的探知欲，是携手健康成长的魔法师。营造乐感，让校园充满乐趣，是进才办学观的乐教思想。

健乐：健乐即健康为本，快乐求知。乐即乐学，源自《论语》“知之者不如好之者，好之者不如乐之者”。意蕴教师善学乐教，寓教于乐；学生善学乐学，乐中启智。健即健体，即“使身体得到锻炼，强壮，同时在锻炼的过程中培养良好的心理素质”。健乐，既意味着宽阔的心胸，健康的体魄，达观的态度，也是一种学习的境界。

和：和谐、和睦、和好、融合。这里，一指内心平和，二指待人和气，三指集体和睦。和，事物生长之必备环境，人之工作、学习、成长的必需条件。和，人心的相通，处事的相谐，理解的相合，师生的相爱，构成进才一幅“和谐图”，满足师生工作学习生活对和谐环境的渴望。

实：真实、实在、实际、事实、求实、务实。这里，一是指尊重事实，二是指诚实做人，三是指实在做事。实，为办学之要，根据校情出发确定发展目标；为师生发展之需，根据师生实情落实工作、学习目标。实事求是，一切从实际出发；求真务实，讲究实效。实，为学校赢得了卓越的声誉。

和实：“和”是儒家文化中的一个核心概念。孔子说：“君子和而不同，小人同而不和。”儒家经典《中庸》对“和”的解释是：“喜怒哀乐之未发谓之中；发而皆中节谓之和；中也者，天下之大本也；和也者，天下之达道也。”和，就是和善、和美、和顺、和合、温和、中和之意，其本质就是为人心态平和，不急不躁；人与人和睦相处，互相尊重、包容（和而不同）；学校和谐发展，祥和安康。实，就是说办事求学必须根据实证，求索真相，踏踏实实，做到"知之为知之，不知为不知，是知也"。求实是处事行事的最好方法，又是一种实事求是的思维方式，更是一种脚踏实地的工作方法。和实意味着在和谐的治学环境中求真务实，开创佳业。

10. 校风

校风是"卓越文化"的"形象大使"，我将其概括为：朴实、清新、友爱、和睦、高尚。

朴实：朴，质朴、纯朴。这里，一是指做人底线的风范，二是指做事规则的风度，三是指行为作风的风貌。实，真实、扎实、充实、严实。朴实，心地纯洁，诚实简约。朴实与虚妄无缘，与骄纵切割。学生在立基阶段，朴实的素养诚为重要。朴实是对真实的崇拜，对诚实的友爱，对忠厚的礼貌。进才崇尚朴实，因为卓越来不得半点虚伪，超然容不下一星的浮夸。朴实是福，师生有福。

清新：新颖不俗气、清爽而新鲜。这里，一是指整洁形象的推崇，二是指行事思路的清晰，三是指事事创意的倡导。清新，首先要清，即洁净、清丽、清晰。做人也一样，与清交友，清纯自然来。清新，突出新意，即新颖、新鲜、新风、新锐、出新。新是对旧的拜拜，是对"葆"的膜拜。工作要尝新，发展要更新，育人要出新。清新，犹如春风拂面，让人舒心，学校温馨。卓越校园，环境清新，氛围宜人。

友爱：友好亲爱、友谊敬爱。这里，一是指友好同窗，二是指友谊朋友，三是指敬爱长辈。友爱是氛围，是感受，是温暖，是给予，是感动。进才是个大家庭，友爱显力量，友爱聚人心。友爱是相互的交心，得到的是加倍的感动。得到爱，沐温暖；给予爱，显精神。卓越学校，友爱先行；卓越团体，友爱从生。

和睦：睦，和好、亲近。这里，一是指同学间的和气相处，二是指师生间的和谐共处，三是指校园内的和睦善处。和睦，相处得融洽友爱。和睦，学生主体地位落实的象征，教师主人翁地位尊重的体现。生生朝夕，师师相处，师生共处，和睦为重。融融氛围，促进交流；和谐气氛，心情舒畅。和睦，是理念相同的笑意，是目标一致的友情，是人生愿景的明眸。和睦，为卓越办学奠定了和顺发展的基础。

高尚：道德品质的崇高。这里，一是指行为举止的格调，二是指语言姿态的格局，三是指文明精神的格律。进才的卓越，为师生开启了通向高尚的入口。做高尚之人，是进才师生的自觉；具高尚情怀，是进才师生的追求；有高尚之举，是进才师生的心愿。高尚，是对文明的握手，是对品质的心系。高尚，是对媚俗的不屑，是对俗气的不恭。卓越进才，高尚的流行色，高尚的通行证。

11. 学风

学风是“卓越文化”的写照，我将其概括为：自信、勤勉、钻研、合作、成功。

自信：是指人对自身力量的一种确信，深信自己一定能做成某件事，实现所追求的目标。这里，一是指对自己有信心，二是指对他人有信任，三是指对成功有信赖。教师引领、学生自主，让每一位学生的德、智、体、美均在原有基础上获得相应提升。使每一位学生在充满自信中培养自己的能力，敢于向困难挑战，用成功证明自己的实力。

勤勉：是指努力不懈、勤劳不怠。这里，一是指懂得勤劳是成果的母亲，二是指懂得智慧是勤劳的母机，三是指懂得毅力是勤劳的母爱。

勤勉是美德，也是要求。学习新知识，掌握新能力，收获新经历，需要学生通过刻苦用功方能获得。勤勉，首先要做到勤奋、勤恳，以勤补拙，以量换质。勤需勉助推，要努力、坚持、恒久，坚信功到自然成。勤勉加冕，心意遂愿。

钻研：是指用心思虑、费尽心思，深入细致地研究。这里，一是指对学习有深究的兴趣，二是指对万物有探究的爱好，三是指对事理有穷究的习惯。对于学生，主要是指深入细致地学习，提倡拓展性学习，带有研究性质的学习。学习要钻研，经过钻研的学习，领悟透彻，掌握牢固，收获属于自己的学习心得。钻研，应深入进去，才能研究出来。钻得深，研得就透。钻研精神，是新时代学生应具备的优秀品质。

合作：是指学生之间为达成共同目标彼此相互配合的一种联合行为与方式。这里，一是指有互相协作的意愿，二是指有彼此帮衬的能力，三是指有共同成就的途径。合作，对于现代学生尤其重要。社会分工越来越细化，知识越来越分化出亚学科与分支。单个人的能力已无法应对工作上的要求。要使学生懂得开展合作的意义与作用，学习上互帮互学，成长中合作共进，懂得合作共赢、合作利己利人、合作壮大集体的观念。

成功：是指达成所设定的目标。这里，一是指有成功的愿望；二是指有成功的方法，三是指有成功的渠道。通过不断激励、表扬、展示等方式，让学生在兴趣、实践、创新中走向成功。学校和教师要为激发学生的学习兴趣不断创造条件，从而提高学生的主动性和创造性，培养学生的使命感和成就感。成功的体验是对学生信心的增强，成功的尝试是对勇气的褒奖。让成功的信念给予学生，成功的机会青睐学生，成功的喜悦鼓舞学生。

12. 教风

教风是“卓越文化”的演绎，我将其概括为：专业、负责、进取、务实、创新。

专业：专门的学问和技能。这里，一是指有敬业精神，二是指有专门能力，三是指有乐业的情怀。专业是教师的看家本领、发展重点，是教书育人的能力体现。专业之于教师的作用，犹如工匠离不开的工具；专业之于教师的重要，诚如生物成长离不开的土壤。教师应视专业为自己的生命，教师的价值，系于专业；教师的成就，来于专业。专业水平高、专业能力强的教师，受学生欢迎、喜爱。专业好，能更好地落实教书育人的宗旨。

负责：担负起责任，承担起职责。这里，一是指对自己言行负责，二是指对教育教学负责；三是指对学生未来负责。育人伟业，责任重大；成人事业，职责交予。负责，是教师的自觉意识、行为习惯，是师德的评判依据之一。负责之下，窥见教师的认真，洞察教师的严谨。负责精神，让教师精心哺育学生成为必然。负责，既是教师必具的心理素质，也是教师必备的实践倾向。

进取：努力上进，力图有所作为。进取，是时代发展对教师的要求，是立德树人根本任务对教师的要求，是专业发展对教师自身的要求。不进则退，不取则空。选取进取方向，制定努力目标，以进才发展需要为需，兼顾自身专业发展。

务实：面对实际，致力于实际工作。这里，一是指保证教学底线，二是指保证过程完美，三是指保证效益领先。教师的工作对象是学生，要有务实的理念，实干的精神，实在的态度，以实挂帅，充分落实。务实须与求真呼应，求真的落实，就是务实的兑现。教师的务实，体现了崇尚脚踏实地、诚实做人、老实做事之风。

创新：创立、创造新的事物、方法、产生新的效益的行为。这里，一是指教育创新，二是指教学创优，三是指学术创见。对于教师，创新首先是意识，树立、强化创新意识，使教师头脑充斥创新念头、眼里到处看到创新火花、工作中时刻流淌出创新想法。培养创新精神，是现代教师必需的品质。因为，创新课程已经是学校的标配，创新应成为教师的自觉要求。创新，业已成为教师发展的重头，教师风采的配置。

三、“卓越文化”结构的有机呈现

“卓越文化”由表现为学校主要工作方面的内容所组成，形成比较完整的结构形式。这一结构中的各个相应的文化表达，都是反映“卓越文化”在其层次上的映射。

（一）“卓越文化”衍生的科学定位

准确界定各相应具体文化的科学含义、内涵特点，是理解“卓越文化”的重要方面，也是搭建相应具体文化框架、给予实施功能意义的必要步骤。

1. 办学文化

“卓越文化”体现在办学文化上，我将其概括为：卓越起跑，跨越撑高。

卓越：学校以卓越为标高，在办学发展中，起点不断升高。以卓越为上，卓越精神渗透学校工作的“神经末梢”；以卓越为荣，卓越思想浸染师生心海；以卓越为尊，卓越情怀穿透时空弥漫校园。以卓越为准绳，学校所有工作打上卓越标记；以卓越为圭臬，办学理念具有了卓越尺度；以卓越为蓝图，师生有了愿景凝聚。卓越，学校与之形影不离；卓越，随时都在发起突破的冲锋号。

起跑:在起跑线后的一点上开始跑。起跑,是灵敏的反应,起身的迅捷,速度的冲刺,技巧的比拼。对于进才,常在起跑线上,聚神屏气,时刻准备跃身起跳。因为,进才把成绩当作现在出发的起点。一旦起跑,心无旁骛,只管冲刺。站在起跑线上,比的是耐心,显示的是意志。

卓越起跑:卓越,使得进才不止一次地站到发展的起跑线,在师生的期待中,在社会的注目下,从容起跑,身姿优雅地飞向目标线。进才的起跑,带着卓越的光环,携着卓越的使命,奔向卓越的彼岸。进才办学,永远在起跑线上,时刻准备着,等待卓越的检验。

跨越:在进才的办学路上,有过无数的坎坷、障碍,都被征服了。与其说是征服它,倒不如说是这些成就了进才,练就了卓越。进才的跨越,疾步如飞,步态轻盈。大点的困难反倒使学校有棋逢对手的痛快。协调是跨越的要领,步伐稳健,方寸不乱。

撑高:一指撑竿跳高;又指用工具把东西高高撑起。撑高,是向上方要高度;撑高,是在不断挑战学校的欲望。撑高,有技术的要求,更是心理的成熟。撑高,是办学水平的提高,教育质量的提升,育人水准的提增。

跨越撑高:善于跨越的进才,给予学校提升质量的机遇。进才跨出的每一步,撑起的是一片新的卓越“处女地”。跨越称赞撑高,撑高祝贺跨越。在跨越的高度征服中,在撑高的跨越纪录中,祝福彼此的卓越。

办学文化的集中指向为:

(1) 造就有灵魂的教育

办学文化是学校的灵魂,进才实验小学办学文化是学校特色个性化的文化呈现,区别于其他类同的办学文化。进才实验小学办学文化有着强大的卓越特色基因,多年来探索实践结出的特色成果和形成的办学理念,是学校办学取得持续优质发展的强大精神技术,大力发展进才实验小学办学文化,是进才实验小学教育具有灵魂、充满活力的根本。

(2) 凝聚有共识的精神

精神是人们在一起的长期共事中所沉淀的意识、心理活动的状态。进才实验小学办学中形成的文化精神，是进才师生共同创造的，有着不可复制、极其珍贵的文化内涵。精神具有无比强大的内生力量，具有极强的自觉行为能力，是办学文化传承发展的重要动力。凝聚办学文化精神，维护办学文化共识，让它成为进才实验小学不断发展的“守护神”。

(3) 彰显有特色的价值

进才实验小学的卓越特色铸就了学校办学文化价值，或者说，是进才实验小学的办学文化价值为卓越特色增添更光亮的色彩。卓越特色是进才实验小学的优质品牌，有价值的品牌。办学文化需要特色铺垫，才有生命力和感召力。办学文化的价值根基，是聚焦师生为之奉献的思想基础。让文化价值增值，需要师生一起继续为进才实验小学办学特色加薪添火。

2. 课程文化

“卓越文化”体现在课程文化上，我将其概括为：点卓开智，聚越转识。

点卓：点，指点、点拨，又意启发、启迪。对于小学生，教师授课的方法尤其重要。适当的点拨，有意的启发，是学生理解知识的“向导”。经点拨的领悟，是开启卓越的“前导”。学生无愚钝，关键在引导。得法的引导，学生人人都能成就自己的卓越。

开智：开，开启、打通、开辟。对于小学生的学习，重点在开启学习上的智慧、思维上的智力、认知上的智识，形成良性的认知回路、科学的思维方法。开智，不等同于开知。授以知，更开以智。

点卓开智：学习上的点化，逐渐以学习上的卓越回报。用启迪的方法，开启学生获得智慧的灵感、习得智力的奥秘、赢取智识的方法。

点是关键,开是枢纽,正确点开,卓智驾到。

聚越:聚焦超然的能量,为学生点燃智慧的火花;集合超卓的方法,为学生攻克学习上的困难;汇聚超凡的爱心,为学生筑起走向卓越的信心。把最好的呈现出来,最合适的应用上去,以卓越的课堂聚拢学生的注意。

转识:转,转化、转换、转变。把教师的预想转化为学生的成功;把教师的教案转换成学生的智慧;把教师的教力转换成学生的学力。转识,即发生认识、认知的量质变化,变成学生自己的"囊中之物"。

聚越转识:用教师教学的卓越换来学生学习的卓越;用教师课堂的出色赢来学生理解掌握的出色;用教师潜心钻研悉心传教的超卓转成学生科学思维举一反三的超卓。聚越是为转识的奉献,教师"倾囊"相授,转识功到即成。

课程文化的集中指向是:

(1) 提高课程执行实效

依据市教委每学年推出的课程计划,制订每学年的"进才实验小学课程计划",开足、开齐、开好每一门课程,严格控制周活动总量和学科教学课时,确保"三课二操"和"阳光一小时"、半日快乐活动、减负增效等要求落到实处。加强对国家课程实施的调查与监控,并根据学校及学生实际,加强国家课程校本化实施的实践研究,各学科进一步探索2分钟微课程的实施。

(2) 促进学生全面发展

加强拓展课程建设。充分利用、挖掘学校师资,依托学校、家庭、社会"三位一体"的和谐教育体系支撑,不断整合教育资源,形成各具特色的社团和实践活动,有效拓宽课程空间,使之成为学生学习生活中不可或缺的重要组成部分,按课程四个模块要求,分别为艺术与人文、语言与思维、运动与健康、科学与技术。

根据四大类模块开设相应课程。具体有：《体育与健康》的球类运动，分别将开设篮球、足球、羽毛球、乒乓球、毽球等内容；《科技与技术》中的"小小科学家系列"将分层开设一年级《小小建筑师》、二年级《小小工程师》、三年级《快乐学电学》、四年级《超时空之旅》等；依据新的《小学生守则》，开设小学生《生活教育》系列课程。通过有专业特长的教师或聘请社会专家、家长志愿者组成高素质的教育团队开展各类活动。

根据不同年龄段学生身心特点，开发不同类型的探究课，结合学校课题和项目研究，用好探究型课程学习包，具体为：在区级内涵项目《小学生社会实践积分制方式的探索和实践》引领下，用好"快乐成长"社会实践活动评价手册；小课题、小项目探究的形式，以课内外结合的方式进行自主式、合作式学习探究，取得更丰硕的探究成果。

(3) 提高校本课程质量

优化《校本课程开发与实施方案》(含拓展型课程和探究型课程)，重视校本教材的开发，进一步构建具有学校特色、涉及面广、内容丰富、能为学生提供全面而个性化发展的、较为完善的校本课程体系，培养学生的发展性学力和研究性学力。

认真落实《阳光体育课程》《体育特色课程》《金融与理财课程》《国际视野教育》《茶艺课程》《生命教育》等重点校本课程，开发德育、艺术、科技、体育等方面的课程，坚持每年每个学科领域开发、完善一门校本课程，近期目标是开发实施近百门校本课程。

加强对校本课程开发与实施的领导与管理。加强过程管理，建立质量监控机制，健全课程评价制度，提高校本课程实施的质量。

学校对课程建设极为关注，以全域理念建立体系。

国内关于学校课程体系构建的研究,始于2006年的“学校教育创新研究”项目。学校课程体系构建的研究是一个基于不断实践探索的理性概括和升华过程。以上海为代表的教育发达地区,在充分保证所有学生基本发展需要与满足的基础上,实现从公平到卓越的教育需求变化,与学生个性发展需要相结合,呼唤着学校的特色化办学。

初见雏形,浅尝不止——2010年,进才实验小学从原进才实验学校分列出,独立办学,我有幸成了这所位于联洋国际化社区小学的第一任校长。基于校情的考量,我初试了课程校本化的探索。每天早晨的“阳光体育”课程;每周一的“快乐活动日”,为学生开设艺术、健身、科学等拓展性课程和体育、乐器、艺术人文、棋类等个性化课程。为促进学生的全面发展和个性张扬,学校在自主开发校本课程的同时,也进行选择性地购买课程。近年来,我们先后购买开设了机器人、小小建筑师、国际象棋、围棋、桥牌、葫芦丝、口琴、民族鼓、管弦乐、乒乓、沪语童谣等艺术、体育、科技类的课程。2010年到2018年,共开设了70多门拓展课。半日快乐活动、城市少年宫、各种社团等是我校实施校本课程的主要途径,这不仅使广大学生受益,而且培养了一批有特长的优秀学生,为学校校本化课程体系建设奠定了基础。

有意识地根据学校的发展目标与定位和本校教育资源的实际情况,组织教师有计划按步骤地开发一系列有利于全方位促进学生素质全面发展的课程,同时将校本课程建设的经验有机渗透到国家课程和地方课程之中,做到国家、地方课程的校本化,校本课程特色化,从而通过课程实施,创建学校特色。

分门别类,梳理归纳——2018年,承接课题后,我组织学校各部门向学生、家长、教师发放问卷开展调研,对已有的校本课程进行了全面梳理与整合。我校将校本化课程归纳分为:公民与礼仪、思维与科创、运动与健康、艺术与人文、生活与劳动这五大类，每一类又细分为 3—4 个子项。如下表：

课程模块	课程类别	课程内容				
		一年级	二年级	三年级	四年级	五年级
公民与礼仪	公民教育	苗苗学礼仪、未来领袖				
	效能训练	魔法情商课、“小飞鹰”课堂				
	生命教育	生命次序	生命界限	生命特别	生命成长	生命逆境
思维与科创	数学思维	思维蹦乐	思维火花	思维体操	思维挑战	思维探究
		珠心算、七巧科技				
	口才表达	小主持、小记者、小小星主播、口才训练营、朗读者、经典诵读				
	清华优才	小小建筑师	小小工程师	小小电工师	小小机械师	小小编程师
	科学探索	奇妙的自然、身边的科学、海洋天地系列课程、STEM 课程、科学实验课				
	创意搭建	建构大师、模型制作（建模、航模、车模、船模）				
运动与健康	球类运动	乒乓球、羽毛球、毽球、排球、篮球、足球、橄榄球、网球				
	形体训练	高尔夫、击剑、马术、跆拳道、防身术、体育舞蹈				
	棋牌运动	围棋、国际象棋、桥牌				
	健康教育	急救包扎、小小中医				
艺术与人文	创意美术	创意线描	创意卡通	创意剪纸	创意水墨	创意素描
	器乐训练	弦乐队（大提琴、小提琴、中提琴） 管乐队（长号、小号、中音号、圆号、单簧管、萨克斯、长笛） 打击乐、口琴、民乐（中国鼓、葫芦丝）				
	歌舞表演	合唱、民族舞、芭蕾、音乐剧、木偶戏剧、英文戏剧				
	人文素养	纸艺、泥塑、茶艺、书法、中国美术史、汉字解码、上海童谣、成语故事、传统小故事、集邮世界、走进民俗				
生活与劳动	巧手当家	巧手生活	巧手编织	巧手刺绣	巧手烘焙	巧手缝纫
	JA 课程	我们的社区		我们的城市	我们的世界	我们来理财
	农场实践	青青农场				

根据教师、学生和家长的反馈子项下面的具体课程会依据实情增添、改进和筛减。同时，夯实国家基础课程的落实，以及进行相应的校本化，减负增效，为构建指向卓越发展的校本化课程体系奠定基础。

基于实践，形成模型——梳理课程和实践运用的基础上，我校根据《意见》的指导，以"全域式"育人观下的国家课程实施、校本化和校本课程体系化为要求，建立了指向学生卓越发展的校本课程体系的模型——全域式课程体系。如下图：

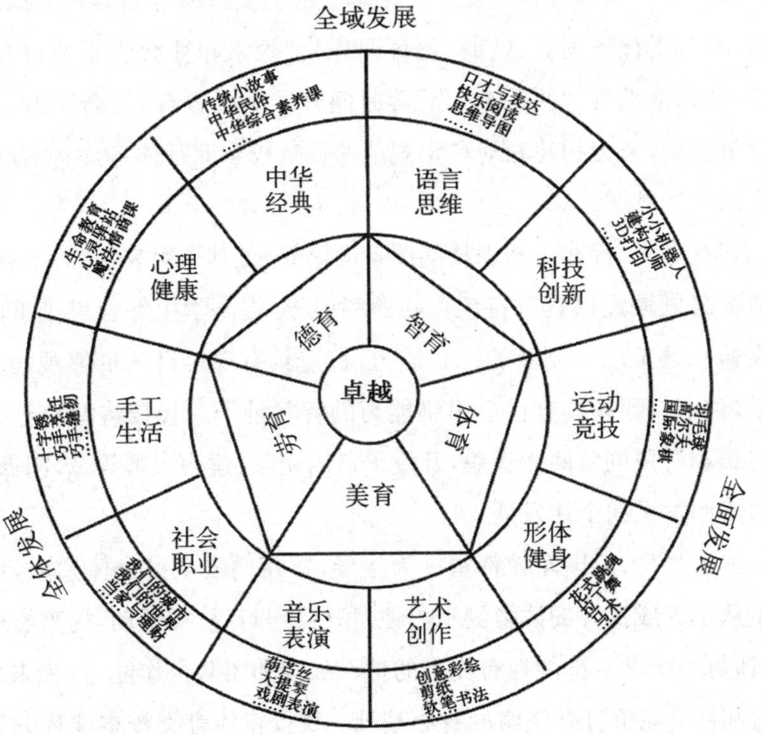

其按照德、智、体、美、劳分为五个基本维度。每个维度划分两大核心类别，一共十大课程总分结构，针对具体课程可以继续划分若干子类别，既保持了100多门课程有类所属，又可以将分类共同指向五个基本

维度，通过“五育并举”，实现全面育人，培养“有道德、高智能、强体魄、懂审美、会劳动”的“进才实小”少年，促进学生健康快乐成长。

德育分类是所有五育中的核心，旨在培养学生“卓越发展”中“至善的德性”，提升其自身的综合素养。我校将德育类课程着眼于：了解中国传统文化与经典和爱国主义与三观教育两大板块，在优良传统中立德树人，在以小见大中树立正确的人生观、价值观和世界观。根据分类目标，我校开设了经典诵读、传统小故事、学党史做好接班人等20门课程，学校结合“场馆教育进课程”“小学生社会实践积分制方式的探索与实践”等各类优势项目，借助“德育课程化”探索和社会优质教育资源，利用“快乐活动日”“快乐30分”等时间开展专题教育、社会实践、校园节日等活动，努力构建相对科学规范的德育校本课程体系，以德育引领学生的卓越发展。

智育分类，旨在对知识技能体系的培养，尤其是对表达、思维、创新创造等各领域提供具有特色化的课程引导，提高学生综合思维下的应用表达和敢于动手创新的综合能力，打造具有现代科学价值观的新生力量，种下一颗颗具有科学思维能力的智慧种子。我校将智育分为语言思维和科技创新两大板块，开设了口语交际、建构大师等28门课程，满足不同学生的个体发展。

体育教育，以国家教育精神为指导，旨在增强全民身体素质，培养学生从小养成良好的体育健身习惯，积极参与竞技类活动，提高心理素质，让每一个学生都能拥有充足的精、气、神和团队合作能力，为未来的学习和社会竞争打好坚实的身心基础。我校将体育类校本课程分为形体健身和运动竞技两个板块，开设了羽毛球、乒乓球、足球、高尔夫球、体育舞蹈、马术、网球等近20门课程，几乎涵盖了常见的体育活动项目。

美育分类，旨在提升学生的艺术修养和审美情操。我校从美术创作和音乐表演入手，开设了软笔书法、水墨画、民族鼓、芭蕾舞等 30 门课程。美育不仅在美学、艺术等技能领域进行表达，更是将学生的综合审美能力提高，是可以在生活中也具有较高艺术欣赏能力的综合素养，而美育教育本身，也是一项围绕学科教育和科学技能教育最不可或缺的"肥料"。

劳育分类，旨在通过生活劳动技能的养成，增强孩子在生活中的实践动手能力，提升学生的道德素养，学会关心他人、关爱他人。为此，我校以"生活教育"和"劳动教育"两个板块为着力点，开设了生命教育、我们的城市、巧手烹饪等 15 门课程，并结合寒暑假开展劳动打卡行动，将劳动教育渗透到学生的生活中。在全域视角下的校本课程建设过程中形成了课程规划。

同时，递层铺开，夯实多元。

我校位于联洋国际化社区，家长普遍学历高、学生眼界广。夯实国家基础课程的同时，课程校本化和校本课程能补足基础课程，递层铺开让学生在最近发展区得到有效发展。

夯实国家课程实施——国家督学成尚荣先生指出："基础教育课程改革建构了国家课程、地方课程、校本课程的课程结构。三类课程发挥着独特的作用，形成了育人的合力。"国家课程在这三类课程中具有主导地位，其是国家意志的体现，制定了国家对学生素养发展的基本要求。有效落实国家课程是校本化课程的坚实基础，任何的课程整合要以国家课程为主干。

国家基础课程是课程校本化和校本课程建设的基石，指向学生卓越发展的校本化课程建设首先要考虑到国家基础课程的有效实施。基于"优异的文化学识、越人的学习能力、卓然的生活素养、出彩的科学实践"这些发展目标，学校在国家课程标准的教学方法上下功夫、费思量。

通过课堂的学习、老师的引导让学生学会自主学习，关注学生的学习过程，注重学生在学习中的过程经历、独立思考、小组合作和情感体验，让主动与自主成为一种学习主流，形成主动参与、自主学习、合作探究、相互分享的快乐学习文化。

就此，我校开展“学习任务单式的教学模式”的实践与研究，倡导“以学定教”的学案式课堂，推进课堂教学改革。如2019年暑假，学校一至五年级的语文老师对统编版语文教材进行了全面研究，编写“学习任务单”，围绕学年目标、单元目标、课时目标，设计教学过程，并成套印刷发给每位学生，为学生的学习提供帮助。2019学年，学校语文老师将“学习任务单”运用于课堂，在一堂堂教学中修改“学习任务单”，完善教学过程，提高教学质量，从而进一步改革课堂教学，为学生的认知发展服务。另外，我校还实行“作业超市”，满足不同层次学生的发展需求。

全域式课程校本化——指向学生卓越发展的课程校本化和校本课程必然处于不断发展着的动态过程，需要紧跟时代的步伐，跟随学生与家长的脚步，去除不适合的成分，增添新的力量。学校每年都会在学期末通过问卷的形式，向学生和家长了解已参加课程的体验情况、学习效果，提出建议，之后根据调查结果系统地梳理课程，优胜劣汰，让校本课程得到不断完善、不断补充。

基于学情、校情等的考量，我校构建了全域培养的模式，即面向全体学生、学生的全面发展。“全体学生”，教育是面向全体学生的教育，是让全体学生得到发展的教育，校本课程建设要尽量满足全体学生的发展。“全面发展”即以培养全面发展的人为基本导向，“德智体美劳”五育并举，让小学生拥有健康的身心、形成良好的品格，并提出了“全域”化的校本课程，即面向全体学生全面发展和个性化发展相结合的课程设置。以“全域”式的校本课程建设推进全体学生全面发展、个性化发展、超越自我,成为更优秀的自己。

基于此,我校将课程校本化分成三大板块:一是国家课程中的校本化内容;二是基于国家课程开发的校本化课程;三是补足学生卓越发展的特色校本课程。

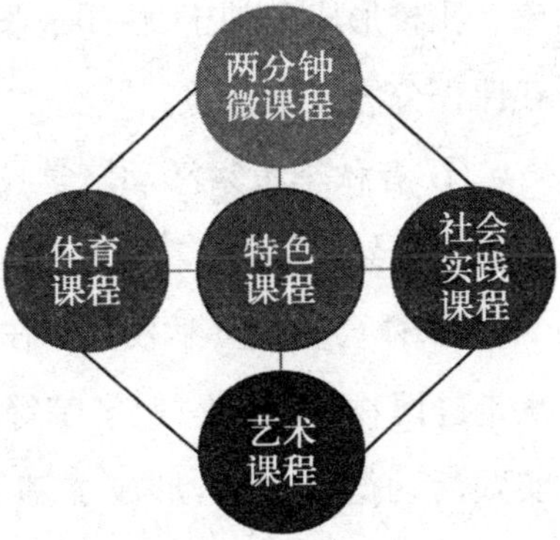

形成学校特色课程——美国的博比特(F. Bobbitt)是第一个关注课程开发过程的研究者。他提倡“活动分析法”(activity analysis procedure),即运用泰罗原理,通过对社会需要和人类生活活动的分析来确定课程。20 世纪 70 年代,西方国家再次重视课程改革问题,并推动“课程开发范式”向“课程理解范式”转变,即强调教育的内在价值,将课程作为一种多元文本来理解。我校进行的指向小学生卓越发展的校本课程建设基于此,也做了相应的实践探索,形成了一批特色课程,助力学生的个性化发展。

(1) 课前两分钟微课程,培养学生自主学习自我探究的能力

依托课题形成的课前两分钟微课程,我校由语文学科拓展到其他学科,形成校本化特色,并助力培养学生自主学习自我探究的能力。“课前两分钟微课程”是指每节课开始后,拿出 2 分钟左右的时间,给学生提供一个对自主学习的成果进行展示、练习的舞台。语文每节课前安排一位学生演讲;数学进行计算训练;英语进行听、说、演;艺术、体育课技艺展示,名作、名家、运动规则等介绍;自然学科介绍科学、科技项目或学生自己研究的内容。学生在“课前两分钟”的快乐学习中拓展视野、积累学识、习得技能、怡情育德。教师改变了角色,成了幕后的观

众、策划者和监督者。

(2) 社会实践课程，助力学生了解社会，培养社会责任感

结合杜威的“做中学”和陶行知先生的“知行合一”，我校进一步完善社会实践课程，让学生在亲身经历中获取真实的体验，培养社会责任感。我校形成了基于“快乐成长”的社会实践活动课程。我校的社会实践课程分为三个板块：

① 春秋季考察活动。学校每年组织学生进行春游、秋游，让学生走进大自然，了解大自然，感受大自然的魅力。

② 社会实践。学校每年在春秋游的基础上，每学年至少要组织2次走进博物馆、企业、敬老院等社会实践活动。我们根据制定的社会实践活动德育目标，形成了基于“快乐成长”的社会实践活动的六大主题模块：爱国主义、艺术人文、科普环保、法制安全、企业文化、社会服务。

主题模块	德育目标	模块内容	社会实践活动场馆推荐
爱国主义	追寻党的发展历程，领略改革开放成果；体验革命传统，感受历史文化和现代文明；缅怀革命先辈，品味古镇文化和自然风光	革命纪念馆、革命故居、烈士陵园、名人故居，以及东方明珠电视塔等现代文明标志	高桥烈士陵园、上海历史博物馆、外滩历史博物馆、国歌展示馆、浦东展览馆、上海城市规划馆、上海铁路博物馆、上海蔡元培故居、黄炎培故居、吴昌硕纪念馆、东方明珠电视塔
艺术人文	走进艺术场馆，参与文化活动，领略艺术人文魅力	艺术活动、艺术馆、博物馆、美术馆、生活馆、图书馆等	张江动漫博物馆、上海笔墨博物馆、上海博物馆、上海邮政博物馆、喜玛拉雅美术馆、中华艺术宫、上海当代艺术馆、浦东图书馆、八音盒博物馆、上海纺织博物馆、上海美术电影制片厂、上海电影博物馆、千阳生活馆

（续表）

主题模块	德育目标	模块内容	社会实践活动场馆推荐
科普环保	走进科普基地，学习科普知识；参与环保实践，增强环保意识	昆虫馆、水族馆、垃圾处理厂、自来水厂、极地科普馆、地质馆、农业开发区、天文馆等	海洋鱼类标本馆、水生生物馆、海洋科普馆、极地科普馆、上海航海博物馆、上海昆虫博物馆、上海科技馆、上海自然博物馆、上海玻璃博物馆、上海东方地质科普馆、上海地震博物馆、上海集成电路科技馆、上海浦东气象科普馆、上海磁浮交通科技馆、上海中医药博物馆、上海邮政博物馆
法制安全	参观国防（民防）禁毒基地，树立法律意识；走进军营，体验军旅生活，学会生活生存	民防馆、禁毒馆、消防中队、应急联动中心、司法部门、军事基地等	龙阳特勤消防中队、上海公安博物馆、浦东法院、上海民防科普教育馆、上海禁毒馆、上海市应急联动中心、浦东大道武警部队、上海市青少年法制教育体验基地、上海轨道交通公共安全应急防范知识馆、上海公共安全实训基地、世纪公园军事定向训练、好八连
企业文化	走访公司企业，感受企业的不同文化	中外合资企业、世界500强企业、传统企业、企业文化展示馆、企业体验馆、企业博物馆、工作坊等	孙桥现代农业园区、上海通用公司、江南造船博物馆、渣打银行、中国乳业博物馆、英特尔公司、浦城热电能源有限公司、太太乐食品有限公司、宝山钢铁股份有限公司、中国电信上海公司信息生活体验馆、雀巢饮用水有限公司、上海清美绿色食品有限公司
社会服务	走近需要帮助的人，学会关爱，懂得感恩；参与公益活动，培养责任意识	敬老院、孤儿院、福利院、医院以及贫困学校；交通安全日、禁烟日等宣传日；"雷锋日""植树节""重阳节"等节日	联洋社区、崇明学农基地、花木敬老院、广慈院、浦东特殊教育学校、浦东辅读学校、结对学校

根据每个主题模块内容，我们分年级提出适切的活动内容，设计活动方案和学习任务单等，并设立了一些固定的实践基地，向学生进行活动场馆推荐。我校的社会实践活动课以学校、年级、班级和学生小队等为单位，分别组织实施。

③“我快乐着，我成长着”的校级系列课程。这也为所有年级的学生在每学年安排一项重大的活动，即一年级的“争章活动”、二年级的“入队仪式”、三年级的“十岁生日”、四年级的“绿色有约夏令营”、五年级的“毕业之旅”。此外，我们每年的“四节一会”、国内外的各种交流活动，都让学生有了更多实践体验的机会，让学生在实践中学会做人、学会做事、学会感恩，享受健康成长的愉悦和学习生活的欢乐，做到“德智体美劳”全面发展。

近两年我校在寒暑假推出了劳动、生活、体育、社会实践等课程，努力构建相对科学规范的校本特色课程，作为学生全体、全面和个性化发展的补充内容，进一步激发学生超越自我的内驱力，从而实现当即的卓越发展。

(3) 丰富的艺术课程，助力学生艺术技能修养的提升

为提升每一个学生的艺术能力，我们开设了面向全体学生的葫芦丝课程，将葫芦丝作为乐器进课堂，二年级起，让每一个学生开始学习。既学习乐器，又弘扬民族文化。我们还开设了交响乐、芭蕾、民族舞、民族鼓、口琴、合唱、戏剧表演等，让学生们找到合适自己的艺术技能，在艺术熏陶下提升美育的实效。

(4) 丰富的体育课程，助力学生体育综合素养的发展

坚持运动项目进入课表，创造每一位学生学习各类体育运动的机会。将健身课程列入课程计划并进入课表，才能以刚性的规范确保其实施，考虑到每一位学生的运动天赋、兴趣爱好、体质状况均有差异，给

学生更多学习、尝试、体验的机会，让他们在不断的尝试中，发现自己的运动爱好与擅长，激发他们的学习兴趣，提高他们的健身能力。

因而，我校在认真贯彻执行国家体育课程纲要、严格落实体育教学课程课时，一至五年级每周都有5节体育课，每周都有4节阳光体育活动课。在此基础上，根据时代发展、学校实际和学生需求，加强体育课程校本化，将乒乓球、篮球、足球、羽毛球、跆拳道等项目作为体育课拓展内容，设置在不同年级，每周安排一节课进行学习。

为呵护这些学生的运动天赋与体育爱好，激活他们的体育基因与潜能，并让这些学生进一步得到发展，我校提出多元推进，分层提高的策略，在课堂普及、拓展提高的基础上，另外还开设了马术、击剑、高尔夫、网球、跆拳道、橄榄球、足球、乒乓球、篮球、武术、羽毛球、啦啦操、毽球、花样跳绳等近20门体育社团课程。

多项目、多渠道、多层次、整体谋划、全方位推进学校体育教育的机制已经基本形成，学生体育健身项目不断丰富，学生体育运动氛围不断浓厚，学生体育运动的兴趣不断提高，学生的身体素质不断增强，学生体育运动水平也不断提升。

3. 运动文化

"卓越文化"体现在运动文化上，我将其概括为：卓越强身，进才助跑。

卓越：卓越理念，进才起飞；卓越办学，创生品牌；卓越发展，引领教育。卓越精神，灌满进才；卓越风尚，吹拂师生。

强身：强健身体、强壮身体。身体是一切之本，强健的身体，能承载工作与学业的繁重；强壮的身体，能扛起事业的重托、学习的分量。进才之强身，先强健康之理念、然后强躯体之健康。

卓越强身：卓越学校，要有卓越的健康理念，卓越的运动锻炼氛围。身体的强健，是更好地肩负进才发展的卓越要求，更高质量、更高强度地做好学校赋予的卓越工作。卓越需要强身，强身为了卓越。

进才：学校精神，知名品牌，卓越特色，百姓口碑。进才来之不易，应当倍加珍惜；进才发展无限，卓越永在路上。以进才为荣，师生自豪。

助跑：助，帮助、协同、辅佐。跑：起跑、跑步。助跑，原意是某些运动项目在做出正式动作前先跑一段。助跑，学校运动特色的形象代名词，又寓意学校发展处于发力状态中。运动，进才的办学特色，多元化个性化发展的探索，也是追求卓越使然。助跑是动感，学校充满活力，师生精神饱满；助跑是动态，学校在发展，师生在成长。

进才助跑：进才的运动项目已经成为学校优势品牌，进才的运动特色为学校增添竞技的英姿、拼搏的精神、昂扬的风采、动感的流畅。运动的加盟，为学生全面发展锦上添花。运动的卓越，促进进才风貌的展露。

运动文化的集中指向是：

(1) 培育体育精神

体育活动本身不是目的，通过参与体育活动，感知体育所特有的精神，才是体育的重要目的之一。体育精神是人类具有的极其宝贵的精神财富和思想宝库，在人类发展、成长史中的奋斗事迹、创造的物质文明和精神文明的不懈努力中，都能发现体育精神的巨大作用。现代学生更需要弘扬体育精神，进才实验小学的学生更应富有学校卓越特色的体育精神，使其成为全面发展中不可或缺的重要一环。

(2) 培植文化价值

运动文化是进才实验小学卓越办学特色的精神体现，是学校卓越办学特色的发展形态，是构建“卓越文化”的重要内容。运动文化的价值,是拼搏、顽强、坚毅、思索、创造、励志、健康、能量、关爱、合作、情感、愉悦等的集中表现,对学校,即要不断向更优质的办学质量、教育质量发起挑战,拿下胜利;对学生,就是用运动文化的价值来克服学习上的困难、培养成长中的意志、体会拼搏中的乐趣、感知处事中的原则。

(3) 注重以体育人

体育本身就是五育之一,而进才实验小学卓越办学特色更丰富了育人内涵,运动文化则给予育人以更宽广的视野、更深厚的底蕴,站位更高、立意更丰、效果更佳。运动文化中的进取、向上、意志、展现生命活力等积极元素,都是育人的生动内容。运动为学生喜闻乐见,通过体育育人,更易为学生接受。

(4) 营造辐射效应

运动文化具有一般文化的功能,对学校各方面工作会发生直接、间接的影响。进才实验小学构建运动文化,目的是育人,给予学生更合适的成长环境与锻炼平台。运动文化的育人作用不仅在其运动本身,而且还能更多、更广泛地发生于学生在校活动的方方面面。学校要把运动文化内涵嵌入相关工作,浸润学生成长过程,发挥运动文化巨大的价值育人作用。

4. 环境文化

“卓越文化”体现在环境文化上,我将其概括为:卓美貌越,进愉才悦。

卓美:进才校园是美丽的,不仅形式美,而且处处透露出进才卓越办学理念的教育美。形式与内容相统一的美,是进才卓越美的范式。

貌越:貌,美貌、风貌、容貌。进才的环境,其貌甚美,貌如其名。奋进历史的岁月留痕,是她的风貌;师生同谱育人成长史的携手相慰,是她的容貌。进才还年轻，正当年。

卓美貌越：进才美丽的校园，是卓越发展的时空雕塑，是卓越理念的自然呈现，是卓越育人的欢快乐园，是卓越办学的知己沙龙。进才的美，是内涵美的自然流露、是师生为她精扮细妆的感情呈现。

进愉：愉快的心情，惬意的流连。驻足进才校园，脚步会慢下来，心情会荡起来，思绪会飞起来。

才悦：校园宜人的环境，多么悦人；仿佛有生命律动的景象，多么悦目。是卓越的打底，让校园生机勃发，令人神往。

进愉才悦：愉快，是进才校园的慷慨赠与；悦目，是进才校园的审美流露。校园环境的样貌，是办学理念的反映，是学校文化的衬映，是师生精神的辉映。愉悦，因进才的卓越而心生，为进才的才气而赞叹。

环境文化的集中指向是：

(1) 卓越特色环境育人

卓越是进才办学特色，要让卓越的氛围在校园环境中充分呈现出来、自然流淌出来。有卓越特色的校园环境，是精致与雅致的重叠，优美与气质的呈现，理念与成果的交融，价值与精神的闪光，自然与人文的温馨。让一石一木、一墙一瓦、一房一园都染上卓越的神韵，细节处体现卓越的精神，校园中弥漫卓越的气息。让无声的语言通过优美的环境，传递出卓越学校的风采，让师生在校园环境中感受卓越精神的熏陶、感知“卓越文化”的价值、领悟卓越愿景的内涵。

(2) 励志文化景观育人

做强已有的文化景观建设，发挥校园励志文化景观的宣传教育功能，让“弟子规”“三字经”等中华文化美德滋润学生心田；“城市学校少年宫”成为学生放飞性情、萌发创意的乐园；“阳光体育活动”成为学生释放活力的嬉戏；红领巾文明岗志愿者成为学生示范自主管理的平台；

温馨教室、图书角、植物角成为学生营造团结进取的成长环境；学生艺术作品成为展示学生才华的艺术长廊。

(3) 地域文化优势育人

学校周边有浦东新区知名的国际社区，又紧邻浦东新区行政文化中心与世纪公园，是浦东改革开放的鲜活教材。学校坐落高档社区，与其融为一体，本身就是一大景观，是对学生进行爱国主义教育的上佳基地。进才中学是从当地走出去的台湾同胞投资建设的上海市第一所现代化示范性的普通高中，建筑风格独特，校园环境宜人，是对学生进行爱国主义教育的生动例子。学校周边传统文化和当代文化的资源比较丰富，充分利用其优势育人，是对校园环境文化育人的补充。

5. 家校文化

"卓越文化"体现在家校文化上，我将其概括为：校范家导，同心精育。

校范：是指在育人的职责上，学校应发挥主要作用，起示范作用，这是学校义不容辞的职责，当仁不让的权利。

家导：家长对孩子的引导。家长是孩子的监护人，应当有效肩负起监护人的责任。家长对孩子的叮咛、督促，是学校教育的延伸；家长对孩子行为习惯的矫正，起事半功倍的效果。

校范家导：学校教育的榜样示范作用，为学生健康成长发挥着主阵地的作用；家长对孩子的正确引导和监管，对孩子在另一半时空里的健康成长起着不可忽视的补充作用。

同心：就是一条心、同样的心、同理的心。因为在培育学生的目标上，学校和家长的初衷是相同的。

精育：精心培育，精准施育。教育学生应该用精，从精出发，以精收效。学校用精，家长用精，家校精育，精到功成。

同心精育：学校和家长秉持一个信念，共同为合格学生精心培育，不分彼此，同心齐力，高质量地为学生健康成长做出贡献。

家校文化的集中指向是：

（1）建立联系制度

发挥家长委员会作用，通过相关渠道充分听取家委会意见，通报学校相关工作，取得家长理解支持。通过学校网站、微信公众号、班级家长群等方法加强与家长的沟通，架构学校、家庭之间实时、快捷、有效、正面的沟通桥梁。

（2）建立交流机制

建立健全学校教师与家长的交流机制及方式，发挥线上交流的优势，及时对家长提出的问题予以回应，帮助家长解决实际问题，提供有效建议。利用家长会和一些重大活动邀请家长参加的机会，安排专题与时间进行交流，能够取得更好的效果。

（3）建设家长学校

开办家长学校，开展家长培训，提高家长科学教育孩子的认识与水平。举行校园开放日活动，欢迎家长走进校园、走进课堂深入了解学校办学、学生表现。

6. 国际教育交流文化

“卓越文化”体现在国际教育交流文化上，我将其概括为：立中兼外，融长合优。

立中：即立足本土，以我为主。与外交往交流，要有充分的自信心和自豪感，不可失去主心骨。立中，与盲目自大无缘，与自卑虚无不搭。

兼外：兼收、兼容国外优秀、先进的理念与方法。他山之石，可以攻玉。学习、借鉴，是正确的态度。

立中兼外：在弘扬中华传统文化、立足中国国情和学校校情基础上，学习、借鉴国外优秀文化，吸收国外先进教育思想、理念、方法，是卓越进才的开放姿态。

融长：融合国外先进教育教学思想和方法上的长处。

合优：融合国外先进教育教学思想和方法上的优势。

融长合优：融合人家的优点，发展自己的优势；学习人家的长处，弥补自己的短处，这是学校对外交往交流的目的。善于融合，是态度所致；鉴别长短与优劣，是眼光的拜托。

国际教育交流文化的集中指向是：

(1) 同行交流，共同提高

创造条件，采取请进来、走出去的方式，开展听课、座谈、观摩、培训等交流活动，了解学习国外相关教育的最新进展与先进理念。

(2) 定向联系，双边交流

如有可能，与国外相关学校建立定向联系制度，举办双边交流活动，如开展暑期游学等活动，拓宽师生视野，丰富学习体验。

(3) 参与活动，提升影响

积极争取机会，主动参与国内、国际相关教育活动，展示学校成果，提升学校影响力。

(二)"卓越文化"主体的倡导发力

学生和教师，既是"卓越文化"的倡导者，也是"卓越文化"的实施者，因此，师生是"卓越文化"的缔造者和创造者。

1. 学生文化

"卓越文化"体现在学生文化上，我将其概括为：卓诚厚待，越进相携。

卓诚：诚，诚意、诚心、诚恳、诚实、诚信。诚实、诚信，是现代学生的标配品质。以诚立人，以诚做人，也是德育教育的基本要义。有诚，方能合作共事；以诚，才能取得信任。诚的推广，卓越跟进；诚的深化，卓越光临。

厚待：学生之间，宽厚相等，厚道以待，厚重礼待。厚待，并非虚与委蛇，而是诚心诚意。厚待，重要是厚，即厚道、厚重。待之以礼，必将报之厚礼。学生相处，厚待中显平等，厚重中显友情。厚待是感情的浓缩，是友情的深化。厚待中，学生互相帮助，共同提高。

卓诚厚待：卓然的诚意，是学生之间交往的基石；卓超的诚信，是学生之间来往的"名片"。诚以坦贵，诚以实最。以诚开道，路在脚下。厚道的相处，是学生合群的"邀约"，相处有道，以厚为重。厚重几分，友情陡增。

越进：进步的超群，进展的超卓，进取的超绝，是进才学生进步发展的"秘招"。进，进才词典里的解释是"精进"，进才学生用以勉励自己，鞭策自己。

相携：携，携手、携带、提携、携行。学生之间一起携手同行。相携，学生之间的相互帮衬，相互提携，相互携行。相携，不落下一个学生；相携，奔向共同的目标。相携，众手挽起，众志成城，力量倍增，排山倒海。

越进相携：用卓越的进取，携手摘取成功的皇冠；用卓绝的进念，提携学习征程中的收获；用卓然的进步，携取成长成才过程中的成熟。

超然的精进，进才学生的常态；卓著的相携，进才学生共进的见证。

学生文化的集中指向是：

(1) 多渠道实施主题教育

固化每个月的主题教育：确定每月一主题：九月民族精神教育月、十月国家情感月、十一月法制安全教育月、十二月校园风采月、一月总结表彰月、二月文明礼仪养成教育月、三月绿色环保教育月、四月生命教育月、五月感恩教育月、六月科技艺术文化学习月、七八月社会实践月。

开展"学生行为习惯养成教育"主题活动：通过多渠道加强日常行为规范教育，实行学生行为规范养成教育办法，分层次、分步骤、分阶段进行专项训练。重视学生在家的行为规范和生活能力的教育与培养，提高学生的文明素养。

加强各类专题教育活动：围绕教师节、中秋节、重阳节等重大节日和纪念日，开展以爱国主义为核心的主题教育活动。以"感恩"为切入点，引导学生在爱国主义系列教育活动中感恩祖国、感恩集体、感恩同学与师长、感恩长辈。

(2) 注重学生品德内化

以年级组为单位，按照学校德育整体规划的要求，各年级自主实施德育目标。形成一年级培养学生良好习惯，互相帮助；二年级培养学生遵守纪律，互相学习；三年级培养学生自理自立，互相关爱；四年级培养学生自信自学，互相尊重；五年级培养学生自严自律，互相理解的逐级递进式德育目标。

构建学校、年级、班级三级学生自主管理机构。校级以少先队大队职能部为单位，年级以学生自主管理委员会为单位，班级以行为规范值周中队为单位，构建学生自主管理平台，建立学生自我管理自我教育的

“学生行为规范督察员制”、每月一星评比制、每月班级行为规范评比等举措。发挥学生组织在学生自主德育中的主体作用。充分体现团支部和少先队组织的引领作用,加强学生自主管理意识,参与并提高学生管理效益。进一步健全细化学生自主管理各项制度。努力倡导各班形成具有班级特色的《班级文明公约》《创建温馨教室公约》等制度。

(3) 拓展德育新内容

心理健康教育:做好心理健康广播,开放心理咨询室,规范心理辅导工作。建立心理咨询团队,实行定时举办学生心理咨询活动,建立学生心理咨询预约制,开设学生心理咨询信箱、特殊学生心理咨询档案袋,加大心理咨询普及率。

卫生健康教育:加大卫生知识普及教育,健全卫生制度。开设红十字专题讲座、红十字知识竞赛等,对全体教师和中、高年级学生进行卫生健康知识讲座、院前急救包扎等技能培训,提高师生自救自护知识和技能,提高生命质量。

法制、安全教育:加强对学生居家、外出安全教育,提高学生安全意识。增加法律常识,增强法制观念;开设德育法制课程,丰富法制、安全教育的内容,让学生在实践中增强法的观念;成立法制小社团,编写通俗易懂的法制课教材,开设模拟小法庭等。通过深入开展法制教育活动,使课内与课外、校内与校外法制教育活动相结合。

(4) 拓宽德育新途径

搭建学校德育实践平台。一是利用好校园网、红领巾广播、“乐乐”电视台、学校宣传栏、班级板报等现有平台;二是展示好主题班队会、体育节、世界文化节、艺术节、科技艺术节等多种平台;三是发展好多种评价平台流动红旗评比、星级班评比、每月一星、“十大特长星光少年”、眼保健操、室内操、午餐等评比的多种评价平台。

搭建家庭德育实践平台。学校将通过加强家校联系，开设家长学校、实行家长开放日、组建家长志愿者服务队，调动家庭参与德育活动的积极性。

搭建社会德育实践平台。完善进才实验小学社会实践课程和小学生社会实践积分制评价方式；建立各班以"假日小队"的活动形式，开展志愿服务活动，增强学生的社会责任感和社会服务意识；开发校外德育基地，增加手拉手共建单位，形成教育合力。

(5) 提升素养"五力"

一是培养学生的欣赏力：

欣赏卓越：在欣赏卓越的过程中，得到卓越精神的有益启示。

欣赏课程：发现、欣赏各课程的生命寓意和美感，收获课程知识与能力的养成意义。

欣赏别人：欣赏别人，发现别人的长处、优点，是现代学生的良好修养。

欣赏自己：欣赏自己，自信满满，把信心立足。

二是培养学生的表达力：

文字表达：有把活动心得及其他方面的愿望用文字表达出来的能力。

语言表达：有把活动感受或其他事项用语言表达出来的能力。

情绪表达：有把活动中的形象或其他类似的方面用眼神、表情和肢体语言表现出来的能力。

诉求表达：当学生有正当的陈述和请求时，应当学会用合适的方法加以表达，让人了解实现诉求的原委。

三是培养学生的成长力：

学会选择：在老师和家长的指导下，选择适合自己成长的道路、发展的方向。

学会纠错：发现偏差即止，发现问题即纠，沿着正确的轨道成长。

学会感恩：成长来之不易，成长难能可贵。在感恩中成长，会使学生充满成长的幸福感。

懂得付出：付出是成长的阶梯，有付出的成长更能体现成长的意义。

四是培养学生的理解力：

理解力，是学生获取新知识的重要能力，由五个维度组成：

对学科知识的理解：对学科知识的理解是基础性的行为与能力，是居于首要的理解能力。

对生活常识的理解：生活常识蕴含着实践智慧，有着浅显易懂的科学原理及常识，对于加深学科知识学习及其他方面的理解，都有不可忽视的重要作用。

对活动要义的理解：要培养学生通过参与活动增强理解活动目的意义的能力。

对人生目的意义的理解：应培养学生正确向上的人生态度与目的意义，以小见大、以少积多地培养学生理解人生目的意义的能力。

对艺术作品的理解：对艺术作品尤其是对美术作品有比较专业的认知与看法，借以提升自己的审美能力。

五是培养学生的向善力：

具有美丑观：对与错、良与劣、善与恶是学生应有的道德判断底线，决不能莫衷一是、含混不清。

具有正义感、道义感：从内心尊崇合乎发展规律的事物，崇尚美好的现象，反对、摒弃、杜绝丑恶、假劣、伪善的东西，能从思想上、行为上明确地反映出来。

具有社会责任感：有敢于担当、勇于负责的为人品质，有维护社会公德、社会正义弘扬光大的博大胸襟。

富有同情心：爱怜弱小、脆弱、无助的弱势群体及个体，从内心深处注视并力所能及地予以帮助，用自己深沉的情怀和温暖的行为抚慰他们。

2. 教师文化

"卓越文化"体现在教师文化上，我将其概括为：卓正垂范，越雅学高。

卓正：进才教师在卓越的氛围下，作风正派，为人正直，做事正当；教学上态度端正，效果正佳；育人上爱心纯正，奉献真正。

垂范：垂示范例，做出榜样。在小学生心中，教师是完美的化身，教师无所不懂、无所不会，因此，教师言行对学生成长有莫大影响。垂范，即对学生进行示范，也为言传身教，不仅在课内，还要在课外；不仅在教学上，还须在相处中。

卓正垂范：教师用卓越的"正"规范自己，用卓然的"正"影响学生。方方正正，正直为师；正正经经，传播师道。示范学生，榜样学生，言传身教，为师之道。做道德感强的教师，一身正气的教师。

越雅：雅，风雅、优雅、高尚、高雅、雅致。教师是知识的传播者、文明的布道者、文化的崇拜者、审美的力行者，理应是风雅的使者、优雅的化身、高雅的替身、雅致的典范。教师的雅，是风度的美，更有内涵美的魅力。教师的雅，是校园一道靓丽的风景线。雅的教师，学生喜爱。

学高：学识高即为老师。教师必须业务精，知识面广，有高超的教育教学能力。因此，教师必须具有渊博的知识、高尚的情操、海一样宽广的胸襟。学高与卓越对应，卓越教师定然学高。学高的教师，学生尊敬。

越雅学高：进才教师风度优雅、情致高雅、举止风雅，是进才人文美的集中展现，是进才校园的美丽使者，是进才学生膜拜的“明师”。进才教师学识高超，教育教学过硬、能力超强，育人水准一流、效果甚佳。越雅与学高的相遇，是进才学生的幸事。

教师文化的集中指向是：

(1) 培养高尚师德

以培养师德高尚、敬业爱岗，一切为了学生发展的师资队伍为己任，形成师德为上、甘于奉献的优秀教师团队。进一步完善教师的评价、表彰制度，发挥优秀教师的表率作用。

(2) 分层自主发展

实施“升格、入格、风格”三格培养机制。加强见习期教师的规范化培训，重视入格教师的成熟型培训，关注最优教师的风格培训，创造适宜的专业发展环境，鼓励教师充分展示个性，形成各自的教学风格。确定个人发展的总目标和阶段目标，确定个人发展的方法、途径、措施。促进教师队伍教育教学专业化水平和教科研实践相整合的能力的提高，促进不同层次教师的共同提高。

(3) 注重校本研修

加强校本培训与课堂教学的有机结合，探索“课、研、训一体化”培训机制，建立“学校—教研组—备课组—项目组—教师个人”的“五级”校本研修网，“五课”校本研修制，在“课堂实践”的磨砺中提高教师的专业素养。

以“导学案”为抓手，落实随堂课的教学质量。建立个性化的“教师学习和发展档案”(即成长档案)，不断优化课堂教学改进计划，加强对薄弱环节的整改，着力提升课堂教学效能。

(4) 建立观课制度

建立双周一次备课组活动，每月开展教研组活动，半学期开展校级教研活动的制度。倡导跨学科听课，推进学科间的交流和沟通，所有教师都需参加观课和评课，开展定期和不定期的观摩课、随堂课听评课活动，在互听互评的基础上，互相学习借鉴，有效促进全体教师的专业发展。

(5) 打造优质队伍

努力创设"同伴共生、结伴成长"的教研活动形式，营造教师之间相互学习、相互帮助、相互切磋、相互交流的教研氛围，促进学校与师生的和谐可持续发展。

(6) 发展教师"五力"

重点发展与学校内涵发展和特色发展相适应、与进才实验小学学子成长需求相匹配的能力，主要有：

一是思想引领力：就是完成教育使命、从事教育工作所需要的思想力量。能筑牢根基，具有教育哲学，坚持正确的教育观念、理念，懂得基本的教育学原理、心理学原理，并能将这些精华贯穿在教育教学的全过程；能不忘初心，坚持原则，独立思考，明辨是非，运用常识；能与时俱进，不断汲取先进的教育思想。一个有思想的教师，才具有引领的内在核心能量。

而在进才实验小学，教师尤其应当充分理解"立正向卓，跨步超越"的内涵，深刻感知"超卓越育，绽放生命"的精髓，明确以学生为本的教育宗旨，从而使自己的教育具有思想的定力和方向的把握。

二是教学创新力：创新是任何工作取得工作进展、发展突破的原始动力，教育教学成绩的取得，都是教师创新意识的作用和创新实践的结果。

而在进才实验小学，教师尤其应当注重创新意识的培养，善于总结工作心得、善于发现工作中有提升的空间，施以创新的慧眼，加以提炼，予以升华，给予新的意义，创新就会“如影随形”，不期而至。进才实验小学的办学特色具有丰富的创新元素，教师们有着渴望创新的巨大冲动，让创新成为教师专业发展的特质。

三是学科表达力：学科是教师站稳讲坛的基础，也是实施素质教育的途径，因此，提高教学质量关键在于提高教师的专业学识、学科底蕴和表达专业、学科的能力。学科表达力在于对学科知识的精准认知、对学科迁移的精确连接、对学科跨界的精致传递。

而在进才实验小学，教师尤其应当精通学科，致力于学科的系统构建和学科表达的准确无误，应当学会和掌握具有学科特点的学科表达语汇、语境、语义，成为学科教学的专家。

四是家校沟通力：和谐、积极、稳定的家校合作，已成为现代学校的题中之义。育人效应要在学校和家庭之间同频、共振，家校形成共鸣、共识，产生共举、共行，沟通是关键一环。

而在进才实验小学，教师对家校合作的内容、途径、方法、艺术要胸中有数，汲取已有的家校合作经验，保持强有力的沟通能力，要学会目标一致的无缝沟通，要学会各司其职的衔接沟通，要学会取长补短的互惠沟通。

五是教育亲和力：就是在教育旗帜下、元素中的合力，也是一个人在群体中与他人获得亲近程度的能力，也即被人接受的亲近感。对于学生，教师的形象是教学成功的重要因素。教师的权威应该建立在对待学生的亲和态度基础上，既是学生学习的教育者，也是学生成长的引领者；既是学生学习上的师长，也是学生生活的“同伴”、学生交往的“朋友”。

而在进才实验小学，教师尤其应在教育亲和力上表现出人民教师的使命担当，表现优质教育和风细雨的温馨，表现师生、师师彼此间的信任、关爱，让校园散发浓浓的教诲味。

教育亲和程度如何，一是取决于教师对教育的真切理解，二是与教师的个性特征有关，三是教师职业素质要求使然。培养教育亲和力，将使教师更有尊严，更能获得学生的认可和喜爱。

学校的一切文化活动都通过由课程组成的课程体系来完成，课程建设指向学生发展，有效的课程实施和科学管理，不仅能形成学校的特色及优势，还能全面促进师生的共同发展及素质的不断提高，使其保持强大的生命力。

师资力量为领——古今中外的课程发展历史中，关于课程的建设和变革，都无法避开教师与课程之间的关系这一议题。日本学者佐藤学认为课程研究在20世纪中后期经历了范式转换，其中一个范式转换就是从课程研究转向教师研究。20世纪70年代，施瓦布首先提出"教师即课程"的观点，其强调教师以课程的创造和开发的实践者的身份进入课程。其意味着：教师不仅是课程实施的主体，也是课程开发的主体。教师是课程的有机组成部分、课程的创造者、课程的主体。

我校在指向小学生卓越发展的课程校本化研究中，也将教师的研训纳入其中。教师是校本化课程最重要的开发者、执行者和组织者，一所学校校本课程体系建设的力度与成就，往往与这所学校师资队伍建设的力度与成效密切相关。

师资力量是校本课程实施的重要基石，只有教师的力量强大了，才能有学生卓越发展的可能。校本化课程的师资坚持校内与校外相结合的原则。校内就是由本校的专业教师授课或是邀请专家进校园。

根据"德智体美劳"的分类，我校鼓励全体老师根据自己的特长爱好、专业领域开设相关的拓展课。教师发展处联合教导处定期组织教师相关主题的校本研修，推进学校课程体系的完善。依托课程体系的建设，我校将教师专业发展放于首位，注重教师个人素养的提升，如：定期组织交流理论学习、参与修改课程设计、提供学习培训机会与展示平台等。

同时，我校重视教师梯队发展，通过骨干教师带教青年教师，区资深教研员、教育专家带教优秀中青年教师等多途径、多层面带教，开展各种以教科研与教学相结合为主题的学术活动，在教育层次上实现个性化培训；优化教师专业发展诸环节的链接，促其运转顺畅、高效。基于课程体系的建设，我校鼓励老师们进行课题的申报、研究，并邀请市、区专家做有关提升教师素质及教育科研课题研究的指导，让老师们在浓郁的学习氛围中更新观念，提高科研意识和水平，从而反哺于学校的课程体系建设。

校外就是组织社团进行外出考察活动，由校外专业人士讲解相关知识。如邀请“敦煌守望者”詹萧进校讲述敦煌文化、皮影大师路连达讲述皮影艺术、画家夏惠瑛讲述自己的成长之路；每学期以班级为单位到校外各类场馆开展社会实践活动，有的班级还会以小队的形式开展各种形式的活动。

D

坚定前行方向：

从“快乐教育”到“卓越文化”的衔接与延伸

教育，是一条不断延伸的“道”；办学，是一条不断攀高的“山”。道要拓宽，山要逐高。因此，要实现拓宽和登高，必须由文化来“挖掘”和“引领”。

从“快乐教育”到“卓越文化”，是一条“道”上的持续“点”；也是一座“山”上勇攀的“标”。

一、从“快乐”到“卓越”的“心路”

从“快乐”到“卓越”，这是办学“心路”的旅程，是一条直线连接起来的不同发展阶段，但初心不变、豪情不弱，更为执着、更为坚定。

（一）一脉相承的深化发展

从“快乐教育”到“卓越文化”，其实是一脉相承、一以贯之、一如既往的。为什么这么说呢？

这里有几个思考的维度可供资鉴。

1. 教育理念相同

同出于以学生为本的理念，快乐教育是让学生在学习、成长过程中有获得的快乐，立足点是学生，而“卓越文化”强调的也是以学生的幸福成长为基点，让学生产生在快乐成长中走向卓越的志向和追求。

2. 教育本质相同

对教育的本质理解趋同，“快乐教育”体现教育的人本、人文元素，“卓越文化”强化教育的文化、文明，但都是对教育本质的真切把握。实际上，“快乐教育”和“卓越文化”都在更接近教育、更体现教育、更成就教育。

3. 办学目的相同

对办学目的的本真诠释，与“应试教育”相比，“快乐教育”更强调教育的熏陶作用，与一味追求“升学率”相比，“卓越文化”更讲究人的全面、文化发展，是用文化陶冶人的性灵。因此，“快乐教育”的办学和“卓越文化”的办学可谓“异曲同工”，都是在追求办学的高尚、高雅、高见。

4. 卓越的起意

诚然，从“快乐教育”到“卓越文化”，有其发展的逻辑，有其成长的规律，“卓越文化”是对“快乐教育”在系统性上的完善、结构性上的完备、文本性上的完成。“卓越文化”一整套体系，既包含了“快乐教育”的元素，又深化了“快乐教育”的概念，使一种主张变为一个系统，一个观点变为一种结构。

（二）现代小学的走向思考

教育走向现代化，是时代命题，也是教育的命题，更是办学的命题。

1. 敢于破瓶颈

小学教育如何摆脱老框框，在低水平重复，在洼地徘徊，走向现代小学，不少小学的确走到了这一步。要敢于突破瓶颈，在创新上做文章。

2. 完备大体系

现代小学的办学思想、办学境界、办学水平，与一般小学有着极大的区别，有着难以参照的分野。而走向现代小学的一个重大标志是有一整套完全、完备、完善的文化体系，有一部比较完整的文化方略，因此，“卓越文化”正是现代小学的“必备”，犹如一种“门槛”、一张“入场券”、一把“钥匙”。

3. 融合诸元素

作为现代小学，教育是基本元素，文化是关键要素，教育与文化结缘，文化与教育联姻，现代小学才会“嫁接”成功。

（三）回应时代的优质提升

教育受到社会关注，办学得到家长关注，这是时代发展的趋势。

1. 优质成为刚需

优质，更是时代的话语、社会的热词。在生活品质日趋提高的今天，对教育的优质需求、对办学的品牌追求，已从“阳春白雪”变为“下里巴人”，“能上学”到“上好学”，这不但是数量增加的关系，更是质量提升的关系。

2. 优质是什么

所谓优质，其实是以文化为内涵的。工业产品优质，渗透的是以人为本的文化理念；生活服务优质，凝聚的是高尚为求的概念；教育的优质提升，兑现的是文化的实施和到位。

3. 优质是全过程

教育优质，是一个系统的概念，办学优质，是一个全局的概念。优质，具有系统化的性质，具有结构化的属性，具有全方位的过程。

二、“卓越文化”为优质办学挺“进”

文化，以其特有的影响力、渗透力，对学校各方面的工作产生有形无形的作用。“卓越文化”正是以这种潜在的“魅力”，对学校工作留下“痕迹”，所到之处，被其催化，产生效能，形成效果。

“卓越文化”是进才实验小学办学为适应时代发展、满足社会需求的呼之欲出，用文化的力量助推学校各项工作发展，为学校找到深层发展的“楔子”提供软实力的保障。

（一）彰显多元化个性化的办学特色

1. 办学的趋势

多元化个性化办学是社会发展对学校办学在人才规格需求上的反映，即在符合党的教育方针、贯彻落实立德树人根本任务前提下结合自身的办学条件加以实施，可以说是办学的校本化。

2. 办学的积淀

卓越办学特色生于进才实验小学，长于进才实验小学，凝聚着进才实验小学领导和广大师生对教育理念的深刻认识、育人价值的深度挖掘、发展方向的深切把握，用特色串起了育人整个环节，形成了进才实验小学卓越的办学特色。

3. 办学的彰显

事实证明，卓越办学特色为学生提供了优良的成长环境，得到了学生、家长和社会的赞誉。“卓越文化”把进才实验小学的历史积淀、文化价值、发展愿景、特色成因用学校文化的形式加以固化、提炼、发展、弘扬，更好地彰显学校多元化、个性化的办学特色。

(二) 谋求高层次内涵化的文化立校

1. 办学办文化

办学，归结到底是办文化。学校文化是学校发展到了一定阶段所必需建设、秉持的产物。办学理念、教育思想、育人思路、教学特色等，其实都具有文化的因子，及时总结，科学提炼，适时建设，对学校发展具有重大意义。

2. 文化是凝聚

“卓越文化”是进才实验小学领导和师生集体创造的成果，凝聚了他们的智慧和付出。学校发展至今，再要取得突破，就应寻求突破性的发展方式，这个方式就是把特色上升为文化，即升华为“卓越文化”。

3. 文化是升华

文化是一种自觉、信念和信仰，是活化的精神力量，是打入师生思想并从行为上表现出来的认同与维护。说到底，“卓越文化”就是“进才人”的文化，由无数的“进才人”把“卓越文化”播撒到学校工作的方方面面。把人的思想、行为用价值观念、共同愿景、行为方式统一起来，形成巨大的精神力量，“卓越文化”建设的目的就水到渠成，谋求进才实验小学更高层次发展就有了强有力的文化保障。

（三）满足众家长高质量的教育期盼

1. 优质教育的价值

优质教育，是社会对学校教育的时代要求，是家长对高质量教育的殷切期盼，也是学校办好百姓满意的学校的夙愿目标，更是衡量学校是否融入社会发展、紧随时代进步、回应百姓关切的指标尺度。

2. 优质教育的能级

“卓越文化”的构建，把学校带入高质量、高层次发展的境地，为举办优质教育提供了坚实有力的保障。“卓越文化”建设，最大的变化就是教师的治学理念、育人观念、教学方式等都上了一个能级，使原来的特色更加发扬与光大，受益的是学生，更大程度上让家长放心、满意。“卓越文化”建设与满足家长企求有着密切的关系。

3. 家长眼中的优质教育

优质教育成为家长的期待，其实是对教育从社会性功能转向家庭实现的一个要求，是对学校教育从共性走向个性的一种需求。在家长眼里，“卓越文化”的最大体现就在优质教育中，就是要让孩子具有“文”的底蕴，具有“化”的才华。

三、“卓越文化”为精准育人壮“才”

搭准时代脉搏，满足社会需求，找对培养方式，是育人出效果的必备条件。“卓越文化”以强大的价值功能、精神作用施加于育人过程，是进才实验小学校本化的育人方式。

（一）价值引领对育人成才的导向作用

1. 文化的价值

价值是无价之宝，拥有价值，就拥有制胜法宝。学校办学需要价值，学生成长需要价值。文化价值，就是办学灵魂。

文化的最大功用是价值，它是从文化信息的传递中流淌出来的涓涓细流，对人们发生潜移默化的影响、作用，进而形成人们的共同价值观。

2. 精神的集合

“卓越文化”作为学校精神的集合、价值的倡导，尤其对学生世界观、人生观的确立，以及良好行为习惯的养成，具有明显的导向与标杆作用。

（二）理念坚守对育德启智的渗透作用

1. 理念的文化坚持

文化的确立，体现着理念的基色与执着。有什么样的理念追求，就有什么样的文化呈现。理念可以说是文化的内核。

“卓越文化”的办学理念，是立德树人根本任务的校本化表述，在学生培养方向及其实施途径上具有决定性的意义。办学理念下的培德育人，关键是明白卓越精神的机理；课程学习，重点是知晓生命存在的意义；成长感悟，是对生命绽放的歌颂。

2. 不懈的卓越育人

卓越育人，是学生不断成长的方式，适合学生年龄的特点。“卓越文化”的办学理念，用润物细无声的方式，起到让学生恍然大悟的作用。

（三）愿景实现对铸魂立志的支撑作用

1. 愿景的作用

愿景是由师生共同形成的对学校发展所向往的前景。愿景明确，师生充实；愿景实在，师生踏实；愿景在望，师生心明。

2. 愿景的凝聚

进才实验小学愿景是“卓越文化”目标的指向，它引导师生为之努力、为之实践、为之前行。进才实验小学愿景蕴含着“卓越文化”的育人理念及其方式的哲思，是学生培育的阶段目标对铸魂立志的现实要求，进才实验小学愿景的育人期望是“进才人”的共同心愿。有了充实的愿景，学生的成长才能基础可靠。进才实验小学愿景的实现，是进才实验小学育人工程的交付。

因此，“卓越文化”方略，是进才实验小学师生的思想宝库、价值判断、行为指南，在形成共识的基础上，成为提升办学水平的法则、精准育人的细则、“进才实小人”的守则。

E
办学实践实录

办学新突破：为优质的卓越发展铸型

——上海市浦东新区进才实验小学办家门口好学校纪实(管理篇)

上海市浦东新区进才实验小学，源于“进才”。1996年，爱国台胞叶根林先生捐巨款兴建了上海市进才中学，经过努力，学校成为上海市首批实验性示范性高中，在上海乃至当今中国教育界具有影响力。2001年，进才中学成立基础部和国际部；2003年8月，在基础部的基础上，由进才中学筹建、创办了高起点、现代化的九年一贯制学校——上海市进才实验学校；2010年8月，进才实验小学单列办学。

高起点办学，新理念育人。学校诞生后，一直走在健康、优质、卓越的发展道路上。学校紧紧围绕教育发展规划所确定的“经过四年努力，把进才实验小学办成一所让孩子实践体验最多、学习快乐最多、爱心感恩最多、习惯养成良好，在浦东、上海乃至全国具有较高知名度的高质量的素质教育实验小学”的办学目标，秉承“为每位学生的卓越发展服务”的办学理念，践行“以学生发展为本，教育好每一位学生，让每一位学生都能在自信、负责、快乐、成功中得到主动发展”的教育思想，依法办学，立德树人，全面贯彻党的教育方针，加强教育创新实践，加强教学改进，致力于学生的特长发展、教师的专业发展、学校的优质发展。

把握正确方向，建设特色项目。轻负担、高效益，全面、健康、快乐成长，成为学校发展的主旋律。学校围绕生命教育、艺术教育、城市学校少年宫等重点项目，追求卓越发展，教育质量由区中游水平跃居前列，社会声誉快速提升，获得上海市安全文明校园、浦东新区文明单位等一系列殊荣。

定位准确：办学目标管理显科学

办学目标和育人目标，是学校教育全部价值的集中体现，也是现代小学追求时代风范的具体体现，更是学校培育一代新人的核心元素。

学校根据历史发展的脉络、地域社区的现实和时代需求的特征，鲜明地提出：把进才实验小学办成一所让孩子实践体验最多、学习快乐最多、爱心感恩最多、习惯养成良好，在浦东、上海乃至全国具有较高知名度的高质量的素质教育实验小学。这样的办学定位，突出了以学生发展为本位、以学校发展为本体的思想，如今已成为教师的共识和自觉行动。

同时，学校秉承“为学生的卓越发展服务”的办学理念，践行“以学生发展为本，教育好每一位学生，让每一位学生都能在自信、负责、快乐、成功中得到主动发展”的教育理念，以“乐、健、和、实”为校训，使育人目标清晰化。

学校对培养适应时代发展需要的“自信、负责、快乐、成功”的学生，有着自己的诠释。

自信——是指人对自身力量的一种确信，深信自己一定能做成某件事，实现所追求的目标。在老师们的引领下，每一位学生的德、智、体、美、劳均在原有基础上获得不同程度的提升，在充满自信中培养自己的能力，敢于向困难挑战，用成功证明自己的实力。

负责——是指认真、踏实地学习、生活，尽到应尽的责任。通过开展各项活动，给学生创设承担责任、体验责任的机会，让学生在集体生活乃至社会生活中主动实践，敢于负责，增强责任心，从对自己的品行负责、学习负责、健康负责、生活负责和生命负责做起，从而培养较强的家庭责任感、集体责任感、社会责任感。

快乐——是指感到高兴、满意或有幸福的体验。通过教师的师爱来培养学生学习的快乐感；引导学生自我教育来激发学生成长的快乐感；开展学生集体活动来营造学生融入的快乐感；增强家庭、学校、社会三位一体的沟通体系建设，为培养学生生活快乐感提供保证，让每一个学生都能感受快乐，珍爱生命，拥有健康的未来。

成功——是指达成所设定的目标。通过不断激励、表扬、展示等方式，让学生在兴趣、实践、创新中走向成功。学校和教师为激发学生的学习兴趣不断创造条件，激发学生的主动性和创造性，培养学生的使命感和成就感。

注重文化：办学过程管理蕴人文

学校文化，是形成办学优势的基础，也是发展优质教育的要素，更是引领师生实践的指南。

学校本着"现代学校制度建设"和"教师首位发展"的理念，辩证处理好制度管理与人文关怀、自律与他律的关系，努力营造和谐、负责、进取、务实、创新的团队文化，使校园成为教师理想的职业场所，学生喜爱的学习乐园，师生共同需求的精神家园。

让共同的发展愿景凝聚人。学校引导师生树立"校兴我兴"的观念，建立共同的发展愿景，增强认同感、归属感，并认识到：把学校建成一所在新区知名、在全市乃至全国较大影响力的、优质的现代化实验小学的共同愿景，要建立在个人愿景、组室愿景和学校愿景的基础之上，体现出教职工共同的教育理念和价值取向。因此，学校通过各种途径，引领教师建立并认同学校发展的共同愿景。

让清晰的服务理念规范人。学校形成"管理是支持，教育即服务"的管理思想，明确学生、家长、社会是"消费者"，学校的教职工既是服务者，又是学校内部"消费者"，学校与"消费者"建立服务与被服务关系是一种必然。为此，学校在工作中不断提高教职员工的服务意识，规范学校和教师的教育服务行为，努力做到全心全意为学生服务，全心全意为家长服务，全心全意为社会服务。

让科学的过程管理引领人。学校以提高教育质量、实现学校的快速发展为中心，完善管理制度，建立科学的管理体系，构建工作、价值、利益有机结合的评价、激励机制，实施全面、全员、全程管理，形成一套系统、科学、动态的校内管理流程和顺畅运作的管理机制。这一机制包含三个层面：一是对学校教育、教学、科研、行政、后勤工作进行全面的质量评估设计，并进行科学有效的质量监控，基本实现"凡事有准则，凡事有负责，凡事有程序，凡事有监督"。二是把学校各级、各类人员都作为"服务网""质量链"中的一环，强调全员参与和团队配合。同时强化全员的教育与培训，使学校每个部门、每位成员都有强烈的服务意识和质量意识，并能遵循不断完善的管理制度，提高服务水平。三是抓好过程管理。紧紧抓住教育、教学每一环节的质量管理，以阶段性目标的达成保证高质量结果的实现。注重对管理、教育、教学工作的各个层面、各个环节的"接口"进行设计和质量监控，以保证学校各项工作能紧紧围绕着教育质量目标开展和谐、高效的创造性工作。近四年来，教代会审议通过了《进才实验小学绩效工资实施方案》《进才实验小学首次岗位设置聘用实施方案》《献血条例及教职工献血互助基金实施办法》《关于教职工暑假考察休养经费贴补的暂行办法》《教职工体检暂行办法》《进才实验小学教学成果奖励方案》《进才实验小学校骨干教师(班主任)评选、管理方案》《进才实验小学女职工产假生育生活津贴的暂行规定》及《进才实验小学四年发展规划》《进才实验小学创建上海市文明单位规划》等方案和规划。

让温暖的人文关怀愉悦人。学校在制度管理,严格要求的同时,倡导人文关怀,实行人性化管理,即在常态管理中,把握教职工的思想脉搏,从思想、工作、生活、健康上主动关怀。有效借助教代会、教工大会、座谈会、学校发展建议征询等形式,广泛听取师生、家长的意见与建议,对积极合理的建议与意见尽快采纳与落实。

突出重点:师资队伍管理有能量

教师,是办学的主要力量,也是育人的主力军,更是教育的基石。

近年来,学校致力于积极为教师营造和谐宽松的人文环境。一方面,从加强师德教育入手,以"尊重、理解、关爱、发展"为核心,倡导"人人都是德育工作者"的理念,不断提高教师的政治素养和师德师风修养。学校通过每周的集体学习、教师自学、撰写心得、师德演讲比赛、签订师德承诺书等多种形式加强教师素质。2013 年上半年起,学校定期开设"道德讲堂",发动干部、党员、一线教师共同参与,以身边的人和事为题材,用身边的实例感染人,使"道德讲堂"成为师生共同提高道德修养的精神家园。

另一方面是牢固树立"教师首位发展"的管理理念,在制度管理、严格要求的同时,倡导人文关怀,实行人性化管理。一是把握教职工的思想脉搏，从思想、工作、生活、健康上主动关怀。二是进一步完善家访关怀制度。学校每年对教师的家访覆盖率达到100%；多年来坚持开展“冬送温暖、夏送清凉”活动，每年为全体教职员工办理教职工补充医疗保险。无论是生病住院，还是结婚生子，学校工会总是在第一时间上门慰问和祝贺，把学校的关怀送到每个教职工的心坎上。三是进一步落实教师生日送祝贺制度。学校工会每月为当月过生日的教师举行集体生日活动，送上全体教师暖暖的祝福，把人文关怀的理念落实到具体的行动上，为广大教职工营造了一个温馨的家园。四是组织教师开展趣味运动会，提出了“我运动，我健康，我快乐”的口号，倡导师生逐渐养成良好的运动习惯；每年组织春秋游活动、暑期休养活动、小型社团活动等，让教工的身心及时得到放松和舒缓。教师们工作之余也会做瑜伽、学茶艺、练游泳、打羽毛球、跳健身操等，一些教师还利用双休日、节假日结伴外出郊游、旅游。

动感画面

高档小区的教育奇葩

这所现代小学，必然与一种新型社区做伴，与一段教育情缘相联，她就是上海市浦东新区进才实验小学。

学校隶属花木街道，地处联洋国际社区，紧邻浦东新区行政文化中心与世纪公园，是上海首个高标准规划的现代化、生态型大型生活区。御景园、中邦风雅颂、金色维也纳、仁恒河滨城等十余个高档住宅小区坐落其中，来自欧美、日韩、新马及我国港台等国家和地区的数万居民已安家于此。居民文化层次较高，经济条件比较优越，50%左右为新上海人。

学校成为高档社区的教育奇葩。近几年来，学校营造了以“传承、创新、个性、活力”为主题的校园文化，为学生创造了快乐成长的温馨环境，为教师提供了历练发展的温暖家园。

走进校园，布局合理优美，红墙在绿色的点缀中格外显眼，可爱的文明小提示随处可见，无声的语言、优美的环境都是对学生无声的教育，校园内到处弥漫着绿色环保的氛围。“弟子规”“三字经”等中华文化美德在无意间得以传承；“城市学校少年宫”让学生们的兴趣得以激发；“阳光体育活动”让学生的活力得以释放；红领巾文明岗让学生自主管理的效应得以示范；温馨教室、图书角、植物角为学生营造了团结进取的成长环境；学生艺术作品的展示在楼道间形成了一道道艺术长廊。

这是优质教育的温暖之家，也是师生成长的幸福家园。

赵校长心语

办一所经得起历史检验的现代小学

教育，就是面向未来，就是对未来负责。办学，就是教育面向未来的实践，也是对未来负责的履职。

进才实验小学从创办开始，在体制建设上不断推进，已有了10余年的历程，而从单列办学来说也有4年岁月。不论建制如何，办一所经得起历史检验的现代小学，一直是我们追求的方向。

在我看来，办学要经得起历史检验，必须在办学目标和培养目标上具有科学性、前瞻性和综合性。办一所让孩子实践体验最多、学习快乐最多、爱心感恩最多、习惯养成良好，在浦东、上海乃至全国具有较高知名度的高质量的素质教育实验小学，这样的办学目标，体现了我们对教育的认知程度；让每一位学生都能在自信、负责、快乐、成功中得到主动发展，这样的培养目标，表现了我们对教书育人的感悟力度。

从科学的高度、前瞻的厚度、综合的深度来统领我们的办学和育人，这样的教育才有力度，这样的办学才有广度，培养出来的学生才会有亮度，从而也会经得起历史的检验，获得社会的广泛认可，最终达成教育的多维度。

（原载 2014 年 9 月 1 日《文汇报》第 8 版）

队伍新提升：为教师的成就发展助力

——上海市浦东新区进才实验小学办家门口好学校纪实(师资篇)

师资，是学校发展的"生命线"和"活力源"，也是学校持续发展的依托，更是学校持续健康发展的保证。

上海市浦东新区进才实验小学，将办学发展建立在师资队伍壮大成熟的基础上，确立"教师首位发展观"的理念，坚持把"引领教师专业发展"作为学校内涵发展的第一要务，致力于构建有效的教师专业发展机制，以校本研修优化为主要载体，建立了学校、教研组、备课组、项目组、教师个人五级校本研修网；实施了教师讲堂、青蓝工程、新引进教师见面课、十大优秀班主任评选等举措，不断促进教师的专业发展。同时，学校构建了"研训一体、分层推进，旨在彰显师德为本、师能为基、师研为体"的教师发展基本方略，在优化教师发展方式、增强教师发展效能上下功夫。"课、研、训一体化"的培训方式、"五课制"的校本教研、基于课程开发的校本研修、以课题(项目)引领的草根研究，优化了教师发展方式。

为了促成学校发展与教师成长的双赢，学校坚持以课堂教学为主阵地，在常规教学中提升教师的教学水平。为使课堂教学成为素质教育的主渠道，学校制定了《进才实验小学教学常规管理办法》，对教学的每个环节都提出了操作规范和质量要求，向35分钟要效益，建立教师业务工作档案，考核结果记入教学业务档案，作为教师绩效考核重要依据。

随着学校教学规模的扩大，招聘、引进了一批新的教师，招录上严格执行《教师准入制度》，严把质量关，从学历、资历、经验、敬业等方面不断提升教师队伍整体水平。近四年来，学校共引进了49位教师，40岁及以下的青年教师107人，占73.79%。学校还注重教师的专业发展，积极落实教师培训、培养工作，实施“青蓝工程”“同伴互助”“师徒结对”等，充分发挥骨干教师、老教师的传、帮、带作用，加快了青年教师的成长。

学校被评为浦东新区教师专业发展学校，荣获浦东新区教育科研先进集体。

夯实师德基石：培育有爱心的园丁

立教先立德，学校注重教师整体素质的提升，并首先从强化师德教育，提高教师道德素质入手。

学校开展了以“热爱学生、教书育人”为核心，以“学高为师、身正为范”为准绳，以提高“教师思想政治素质、职业情感和职业道德水平”为重点的师德教育。学校围绕教师职业道德要求，加强全员的思想建设，通过每周的政治学习阵地，以“道德讲堂”等形式进行宣讲、讨论，增强教师的职业价值观与使命感，如：开展了教师职业道德的宣讲解读、新时期学生心目中好老师标准的讨论等教师沙龙，从中端正教师教育思想，明确在基础教育建设中自身的职责和应尽的义务，增强教师主动实施素质教育的自觉性。

学校为进一步规范教师的师德要求，制定了《进才实验小学师德考核细则》《进才实验小学教职工行为规范》《进才实验小学师德师风建设制度》等一系列规章制度，结合岗位设置，制定了所有岗位的岗位说明书，明确了各岗位的工作标准、工作职责。为客观、真实、有效地反映教师的工作绩效，按照科学、量化、易操作的原则，制定了《进才实验小学绩效工资考核方案》，就职业道德发展、专业知识与技能发展、教学实践能力发展、教学效果发展等方面，每学期对教师进行考核，对因师德问题造成不良影响的、由于工作失职发生重大事件的，严肃追究其责任，并采取一票否决制。学校无体罚和变相体罚现象，教师爱岗敬业，关爱学生，将全部精力倾注到教育教学上，教师育德能力强，学生满意率达95%以上。学校每年都开展表彰先进活动，树立身边的榜样，如每年开展的市、区园丁奖评选，金爱心教师的评选，党员教师风采评比等，尤其是党员教师与困难学生结对帮教、教师课余时间免费为学困生补课等做法，坚持已久，效果良好，得到家长和社会的好评。学校还充分利用校园网、宣传栏、校门口大屏幕等宣传阵地，及时宣传在师德师风教育活动中涌现出的先进典型，李志红荣获浦东新区“五带头好党员”的称号，英语教研组荣获上海市“巾帼文明岗”的称号。

设立发展台阶：培育有分量的骨干

学校针对教师的年龄结构、学历层次、生活背景等方面的差异，采取合理设置梯度、分层分类培训的策略，根据教师不同学历、资历和发展性评价的结果，把教师分成“入格”培养层、“升格”培养层和“风格”培养层三个梯度，设计有针对性的培训方略，以增强教师发展的针对性、实效性。

"入格"培养——在规范培训中缩短"磨合期"。学校颇具规模且仍在扩大，除每年引进一批年轻教师外，还承担着见习教师培训基地的责任。据此，对新引进的教师进行"入格"培训非常重要。入格教师一般指工作不满5年的教师，培训的目的是使他们缩短"磨合期"，尽快成为一名合格的教师。学校的做法是：抓好课堂教学常规，在备课、上课、听课、评课等方面进行专题讲座并进行跟踪性指导；实行师徒结对的"青蓝工程"，每位新教师自拜"教学师父""班主任师父"，并签订"师徒结对协议书"，每学期量化考核，内容包括"六个一"（即交一份合格的教案、上一堂教学汇报课、写一份教学体会、设计一份活动方案、组织一次公开班队活动、写一份全面的工作总结），使他们顺利地在教坛上闪亮登场。学校还组织青年教师教学基本功比赛、教学展示课等活动。目前学校有17位年轻老师处于"入格教师"培养阶段，占教师人数的13%，他们在带教老师的专业引领下，在学校搭建的各种平台上，通过自身的努力，快速成长起来，有的已在教坛崭露头角。

"升格"培养——在突破定势中进入"提升期"。升格教师一般是指工作满5年以上、10年以内比较成熟的青年教师，这批教师是学校的中坚，他们还有积极进取的动力。学校在个人自愿报名、学科组推荐的基础上确定各学科重点培养对象，每月聘请市、区学科专家进行带教辅导。以2年为培养周期，在专家辅导下，确定自己的研究点，每一学期开一节公开课，每年完成一篇关于研究点的论文或案例。同时创造条件让他们参加区、市级教学展示观摩和专业培训，并参与学校课题研究，促使他们快速成长为署、区级骨干教师。目前，有20多位教师参加"升格教师"的培养，占教师比例的15%。

"风格"培养——在形成风格中催化"成熟期"。风格教师一般是教龄在11—20年的成熟型教师，是学校师资队伍中的骨干分子，是学校后续发展的中流砥柱。他们往往是区级学科带头人、骨干教师和校级骨干教师。学校以科研为先导，引导他们结合自己的教学特长确立子课题，并在智力投资、经费援助上给予一定支持。骨干教师通过科研攻关，不仅取得了一些教科研新的成果，而且逐步形成了自己独特的教学风格。学校还安排他们带教任务，发挥他们的示范引领作用。每学期通过"教师论坛"，开展学术交流活动，将他们各自的教学特色、教学经验和好的做法让全体教师共享，对教师本人也是一次总结和提高的过程，在实践磨砺中不断打造自己。每年4月为骨干教师展示月，在发挥骨干教师示范引领作用的同时，还让他们积极参加区名师基地和后备骨干培训活动，参与各种学历和专业培训，开设示范课、研讨课，进行教育教学课题研究，撰写论文案例，以获得更高层面的专业发展。目前学校有区级学科带头人1名、区级骨干教师8名、校级骨干教师23名，占教师总数的22%。

立足岗位平台：培育有能耐的教师

教师立足岗位，站稳讲台，是必须的。随着经济社会的快速发展和信息技术的日新月异，人们的学习手段、思维习惯和工作方式势必会发生深刻的变化。就教师发展而言，这种变化的面更广、力度更大。据此，学校积极拓展途径，在优化教师发展方式上尽心智、下功夫。

基于"课堂教学"的校本研修方式。强调以提高课堂教学质量为重点，以课堂教学改进计划为抓手，以"课、研、训一体化"的培训方式为载体，以理论学习为经验支持，在备、听、评课的多项互动和自我反思中，实现观点碰撞、智慧共享、经验互补，从而在"实践"的磨砺中提高教师的专业素养。这是学校主打的常态性教师专业发展方式,已成为教师们自觉运用的教学常规之一。

基于教研组建设的校本研修方式。立足于常规的教研组、备课组活动,将校本教研常态化、系列化。校本教研课分成不同层次的“五课制”:组内互动——上家常课(每位教师上),互相听课,扬长避短;组际互动——上研究课,由组内推出有专题的研究课,抛砖引玉,引发大组内教师的研讨;校内研讨课——上展示课,每学期几个专场,由骨干教师、学科带头人执教,用他们的智慧和经验引领面上教师的专业成长;校际互动——上交流课,采用“请进来、走出去”的方式,让老师去外地、外区上课,相互学习,取长补短;家校互动——上汇报课,让家长走进课堂,关注教师的专业素养和教学情况,促进教师的专业发展。

动感画面

集体“充电”与“同乐”

一所好的学校,其实就是教师成长的伊甸园。在进才实验小学,名家讲座和集体生日会,可谓是学校教师汲取营养的“咖啡+知己”。

许多教师都记得上海市首届名教师、名校长培养工程导师程华老师曾来校做“新课程下的课堂教学”讲座的情景。在对课程定义较模糊的当下,程老师认为,我们主要解决的是“教什么”“怎么教”和“为什么”这三大命题。程老师认为教学既是科学也是艺术,“教什么”属于科学范畴,具有可以重复、可迁移的特点。“怎么教”属于艺术范畴,具有个性化、即时性的特点。只关心“怎么教”的教育是没有灵魂的教学,只关心“教什么”的教学是没有肉体的教育。改革说到底是一种选择,内容与形式上的选择。

“教什么”是教学内容的选择，“怎么教”是教学方法的选择。教学内容的改革是比教学方法改革更强烈、更重大的改革。“教什么”是要处理好国家规定的标准和校本课程的关系，要在国家标准下，时时刻刻根据自己学校的实际情况进行国家课程的校本化，或用校本课程去补充国家课程。

“‘为什么’是价值层面的。教育的真谛不是‘所谓新理念’，而是扎根实践的‘草根式研究’。”他认为，课堂教学要少一点跟风，多一点独立思考。程华老师的讲座，从新课程下的课堂教学入手，讲述微观教育教学所需的灵魂——宏观上的理念与思想，让在座的教师获益颇多。

而学校每月一次的“集体生日会”，更让教师有如沐春风之感。这是六月教师集体生日会的场景：阵阵悠扬的筝乐从二楼多功能厅传来，正值午后，全体教师齐聚一堂领略了一番茶的文化，淡淡的茶香沁人心脾，让人体悟人世百味。

生日会伊始，艾奕与王畔萍两位主持人用不同的茶引出16位寿星老师。20岁出头的女教师，浑身都散发着迷人的香气，好比花茶，让人充满无限遐想。30多岁的青年教师，从青涩走向成熟，则是一杯清淡的绿茶，看似平淡无奇却让人挥不去放不下。40岁后的中年教师，经历生活的洗礼，浓郁、润滑，犹如一杯红茶，内涵深重，愈陈愈香，值得细细品味。舞台另一边，学校茶艺组师生的精彩表演也获得了老师们的认可，为整场生日会增色不少。最后请寿星老师们上台为他们奉上清茶一杯……六月“集体生日会”在一片茶香中落下了帷幕，蛋糕的美味还在嘴里，进才实小大家庭的温暖却已融入每个人的心间。

赵校长心语

教育强在于师资强

办学要靠实力说话，教育强在于师资强。

学校创办相对来说时间并不长，但师资队伍建设一直是学校的重中之重，因为在支撑优质教育中，教师起着顶梁柱的作用。可以说，在组成优质教育的整体中，教师就是核心细胞。学校办学，最终是用教师的实力说话。

基于此，学校在师资队伍建设上，既注重现实，又注重长远，进行了整体提升的架构和探索。学校在师资队伍提升上的思维和方法，立足于回应时代需求，满足于服务学生成长，建构于长效提升机制，从忠诚党的教育事业的高度，从适应教书育人的宽度，从成就教师发展的长度，进行了顶层设计、科学运筹和实践探索，取得了明显成效。

事实证明，师资队伍提升是一个长期过程，每一项举措、每一种方法，都是对需求与满足的一种建树。要让教师产生忠诚度、成就感，也许教育强的途径就在这里。

（原载 2014 年 9 月 2 日《文汇报》第 10 版）

素质重全面：为学生的成功发展开路

——上海市浦东新区进才实验小学办家门口好学校纪实（培育篇）

小学是启蒙教育的始端，对学生学会成人具有奠基意义。

基于此，上海市浦东新区进才实验小学致力于素质培养重全面，为学生的成功发展开路。

学校秉承“为学生的卓越发展而服务”的办学思想，倡导“以学生发展为本，教育好每一位学生，让每一位学生在自信、负责、快乐、成功中得到主动发展”的教育理念，让孩子实践体验最多，学习快乐最多，爱心感恩最多，习惯养成良好，健康快乐成长，培育了一大批自信、负责、快乐、成功的当代小学生。

学校以校园四大节日“体育节”“艺术节”“科技节”“世界文化节”为载体，为学生在实践中增长才干、全面健康成长搭建舞台。

激发内在进取动力：学生自主发展

激发学生内在进取动力，提供学生自主发展的机会，是学校素质教育重全面培养的一个显著表现。学生自主管理，主要包括以落实行为规范为主的教育、以培养民主意识为主的评优活动和以自我发展为主的自主活动。

行为规范是基础。为了使“班级的事，事事有人做；班级的人，人人有事做”，学生处设立了班级十大自主管理岗位，有明确具体的岗位职责，并实行轮岗制。如“行规督导员”负责监督课间追跑打闹的同学；“护绿员”负责照顾教室的绿化角；“图书管理员”负责教室图书的借阅和整理等。

由各中队轮流担任的值周中队会对学生的课间休息、教室卫生、两操及进校礼仪规范、领巾佩戴及迟到情况做检查并详细记录，对于违规的同学也会进行及时劝阻。由大队委员轮流担任的大队巡查员会对学生的午餐情况进行检查并记录。每月大队纪检部委员会根据值周中队和大队巡查员反馈的检查情况通过红领巾广播反馈给全体学生，并结合黑板报和十分钟队会情况评比出本月的“行为规范示范中队”并颁发流动红旗。

自主管理行为规范增强了学生的集体意识和凝聚力，激发了学生的积极性和主动性，锻炼了他们的管理能力，并让他们从管理者的角色中学会管理他人、学会自我管理。

民主评选是意识。学校各级各类评选活动全部以学生为主导进行。如每年一次的少代会大队委员的选举活动，先由各中队民主推荐一位候选人，经过亲手制作宣传海报、登台演讲、才艺展示等诸多环节，再由各代表选举产生。学校十大星光少年的三级评选活动、市区优秀少先队员（长）、队集体的推荐，市当代小先生、好苗苗的推选也都是由大队组织部委员自己聘请学生评委，交叉年级在听取参评者汇报后当场唱票选出，没有教师参与评选的痕迹，决定权完全在学生手中，由他们自己选出值得大家信赖的好榜样。

在一系列的评选活动中，学生的民主意识提高了，坚持在重大决策中对涉及学生利益的内容行使发言权的对话制度，不断完善学校的民主管理。

自主活动是亮点。班级层面，学校积极鼓励各班级和雏鹰假日小队根据自己实际情况自己选择活动时间、活动地点、活动主题，开展自主活动。五(8)中队自发组织开展了“地球1小时”签名活动。五(1)中队队员们看到校门口每天拥堵大量送学生的私家车，自发组织开展了“绿色进才从我做起”绿色出行倡议，并连续五天向同学及行人发自行设计的倡议书，使早上校门口车辆拥挤情况有所好转。三(1)中队彩虹小队利用清明小长假在家长的带领下来到山东临沂市费县大田庄乡希望小学访问，为那里的小伙伴送去了温暖。

校级层面，学校小星星广播站和乐乐电视台的主持人选拔、小记者团的招募则由大队宣传委员在大队辅导员的帮助指导下自主策划选拔方案、自主聘请学生评委、自制海报宣传，选出自己满意的校园主持人和能够胜任的小记者。另外学校体育节会标会旗的设计、乐乐电视台台标的设计也是由大队委员会发出倡议，学生广泛参与设计，大家投票选出。

从小队集体到中队集体乃至校级活动，学校给予了学生最大限度的自主权，让他们在活动中不断成长，不断积累经验。

构建育人专门平台：学生有序发展

育人是学校的主旨，渗透在全过程。而主题教育和专题教育，则是经常性、制度化的两大平台。

主题教育制度化。学校将“两纲”教育融入每个月的固定主题教育中，以活动为载体，培养学生的爱心、责任心，使学生具有民族情结、国家情感、国际情怀。将德育教育活动确定每月一主题：九月民族精神教育月、十月国家情感教育月、十一月法制安全教育月、十二月校园风采月、一月总结表彰月、二月文明礼仪养成教育月、三月绿色环保教育月、四月生命教育月、五月感恩教育月、六月科技艺术文化学习月、七八月社会实践月。

围绕教师节、中秋节、重阳节等重大节日和纪念日，学校开展以爱国主义为核心的主题教育活动；如以"感恩"为切入点，引导学生在爱国主义系列教育活动中感恩祖国；在爱心活动中感恩社会；在行规教育中感恩集体；在主题班队活动开展和温馨教室创建中感恩同学与师长；在责任养成教育中感恩长辈。

专题教育针对性。学校按照学生品德成长的内在关系和循序渐进的原则，注重学生品德内化：以年级组为单位，按照学校德育整体规划的要求，各年级自主实施德育目标，如一年级培养学生良好习惯，互相帮助；二年级培养学生遵守纪律，互相学习；三年级培养学生自理自立，互相关爱；四年级培养学生自信自学，互相尊重；五年级培养学生自严自律，呈现逐级递进的趋势。学校高度重视环境育人，结合联洋社区和学校建筑的国际化特征，以国学经典《三字经》《弟子规》《论语》为载体创建儒雅的校园文化，开展了行规示范班、文明用餐教室、争做文明学生等活动，制定了"班级文明公约"。同时，学校加强校园环境的整治，通过校园保洁、校园绿化等活动，营造一个充满文化气息、舒心惬意、文明整洁的校园环境，更对学生良好行规的养成起到了积极的推进作用。

夯实行规教育，狠抓文明礼仪。学校以学生的行为、学习、生活习惯的培养为重点，将"两纲"内容和学校培养目标有机整合，构建学校、家庭、社区为一体的行规教育网络，扎实有序地开展行规养成教育，保障每一位学生的后续发展。明确行规目标及措施，按各年级行为规范目标分层实施，突出重点；依托《每周行为规范训练重点》，结合行规问题现象和学校活动等对学生进行针对性教育，如：社会实践活动，长假前，学校都会进行相关的行规教育；重视抓好一年级起始班日常行为规范的教育和养成，专门帮助新生尽快熟悉校园环境、适应学习生活、养成良好习惯、激发兴趣情感、有效实现幼小衔接，进行一年级新生入学培训。2013 年 5 月，学校被评为“浦东新区中小学行为规范示范校”。

丰富社会实践锻炼：学生能力发展

学生成长是全程、全时空的。学校将学生成长置于校内外结合的方位，通过不同层次的社会实践活动，提升学生的成长领域和时空。

“快乐成长”主题社会实践活动。学校以年级为单位，根据学生年龄特点，分层开展仪式教育：一年级“快乐苗苗”活动，二年级“幸福领巾”活动，三年级“十岁生日”活动，四年级“绿色有约”夏令营，五年级“毕业典礼”活动。多彩的活动让同学们感受到了家庭、学校、社会所给予的关爱，从而学会了感恩父母、感恩党、感恩社会。

“快乐班级”班级社会实践活动。学校以班级为单位，在家委会的共同参与下，有计划地开展班级特色实践活动：每学期分年级利用周一下午开展一次活动。活动内容丰富，有公司企业类、文化艺术类、科普场馆类、法制安全类、社区服务类等。老师、学生、家长在实践活动中加深了理解，增进了感情。

“快乐雏鹰”小队社会实践活动。以“假日小队”活动形式，学生自主选择开展活动。如，他们走进社区，分别开展了“垃圾分类社区行”“我是社区小主人”“走进社区看文化”“社区文化探究行”等志愿服务和文化探究活动。

“爱心牵手”社会公益实践活动。学校将“爱心牵手”活动与“认星争优”相结合，进行分层设计：一、二年级开展“与身边伙伴手拉手”活动，三、四年级开展“与远方伙伴手拉手”活动，五年级开展“与国外伙伴手拉手”活动。同学们在活动中体验着互帮互助的快乐，同时也增强了集体观念和合作意识。学校还积极参与社会爱心活动，为上海红十字会筹集四川雅安地震灾区善款 72 504.9 元；为西藏江孜地区学生捐棉帽棉手套。特别是学校的“爱的接力”活动已成功开展了三届，规模逐渐增大，受益面广泛，引起了社会的强烈反响。相继被《联洋社区报》《少年日报》《新闻晨报》、浦东电视台等媒体报道。此外，一些班级还自发组织了公益爱心活动，如：四(7)班“小小金爱心公益社”经常去帮助、探望敬老院的爷爷奶奶们；四(9)班参与了洋泾生活公益集市爱心捐帮助山区小朋友。

“小脚丫走天下”国内外社会实践活动。在四、五年级中，学校组织优秀学生进行寒暑假国内外的游学交流活动，组织管弦乐团的学生们前往德国汉堡参加青少年国际音乐节交流比赛活动。在国外的各种活动中，师生共同获益匪浅。学校还与英国学校、新加坡南侨小学等建立了友好学校关系，这对拓展学生国际视野、培养学生的国际情怀有着诸多益处。

学校学生还经常被邀请参加一些社会媒体活动。如：“哈哈总动员”“全家游戏王”竞赛活动；“小鬼当家”东方电视台的“哈哈心愿”主题活动等社会活动。还经常参与上海新闻综合频道的《超级家长会》节目，已录制近 10 期。丰富多样的社会实践活动进一步增强了学生的集体荣誉感，促进了学生的个性发展和道德成长；学生在参与社会实践活动中得到了成长，打心底里喜欢社会实践课程。学生表示：这样的活动，“增进了同学间的友谊”“放松了心情”“锻炼了身体素质”“学会了团结合作”“发展了特长、兴趣和爱好”“掌握了新的技能”“开阔了眼界，掌握新知识”“认识了社会、了解了国情”等。

动感画面

十大星光少年花落谁家

星，是学生崇拜的偶像，也是让学生产生进取动力的对象。

在进才实验小学，年度十大星光少年评选活动尤其受到人们的关注。今年6月，在学校的网站上，2013年度十大星光少年出炉，一张张照片和人物介绍，组成了一片“星线”，成为大家学习的榜样。

这十大星光少年获得的头衔分别是“绿色金星”“自主金星”“友谊金星”“艺术金星”“守诺金星”“拼搏金星”“科技金星”“服务金星”“创意金星”“博览金星”。细心的读者一定会发现，这些金星似乎与校内的学科学习没有多大关系，也不是传统意义上的尖子，但透出的信息耐人寻味。

校长赵国弟说，设立这些方面的金星，有着教育学意义上的考量。在这些金星的背后，其实表现出学校对学生全面成长的一种导向，具有含金量和内涵。有位学生说：“金星的名称，就明白地告诉我们该学什么，该做什么，很有针对性和启示性。”

赵校长心语

学生成长不能只有一种色彩

学生成长，是学校办学的价值所在，也是教育功能的实现载体，更是社会家长的热切期盼。

而在学生成长中，全面、全程、全方位，应当是题中之义。因为只看重学习成绩的积累，并不是教育的全部；只重视智育的发展，并不是全面的教育；只注重眼前的功利，并不是教育的全部价值。显然，一种色彩的教育，不会是教育的色彩。学生成长不能只有一种色彩。

学校对学生成长的全面关照，基于学生本位的思考，源于成长全面的本原，胜于功利驱动的短视，高于短暂效应的闪烁。学生的全面素质培养，不仅为学生的健康成长打底色，而且为学生的长远发展添动力。因此，需要育人的智慧和前瞻的眼光、周全的实施。

（原载2014年9月3日《文汇报》第8版）

教学求精到：为课改的纵深发展添能

——上海市浦东新区进才实验小学办家门口好学校纪实(课改篇)

课程，是学校教育的主要载体；课堂，是学生接受知识的主要场所。教学，就是教师在课程中，利用教材，通过自己传授艺术和与学生的互动，进行的创造性劳动。

上海市浦东新区进才实验小学以“人文培育精神、艺体提升素养、科技促进创新”为学校课程建设的指导思想，认真实施素质教育，严格执行上海市课程计划，全面落实三类课程。以“艺教结合学校”“体教结合学校”“科技特色学校”为平台，深化课程教学改革，为学生的个性发展、特长扬显，为提高学校教学质量做出积极的努力，几年来，教学质量显著提高。

学校围绕四年发展规划，以课程的全面实施和推进为抓手，积极实施素质教育，一方面认真执行市教委颁布的课程计划，优化基础教育；另一方面不断创新教育教学方式，发展特长教育。如：“导学案”——让学生学会自主学习；“超市作业”——实施分层指导，创新基础型课程的教学研究，以改革教师教法和学生学法为突破口，促进学生的学业发展和个性发展；“爱心帮教”——建立了教学质量监控体系和学困生帮教制度，不让一个学生掉队；"阳光体育"——学校保证学生每天一小时的锻炼时间，增强体质，增强活力；"城市学校少年宫"——实施拓展型、探究型课程，如开设茶艺社团、舞蹈社团、管弦乐队、绘画社团、手工坊等；由家长志愿者共同参与开设航模社团、合唱社团、摄影社团等；开设"阳光体育课程""金融与理财课程""国际视野教育""口语交际课程""水资源课程"等，充分挖掘、利用学校与社区课程资源，培养学生的兴趣特长。

学校以课堂教学为主阵地，以改革教学方式为主抓手，以课标解析为关注点，以听课、研课和反思、改进为着力点，以质量监控为保障机制，在多层次、多主题的公开教学和常态教学活动中践行课改理念，磨炼高效课堂。学校教学质量稳定在区前列。

夯实基础：三类课程实施均衡性

按规定开好课，不走样，不虚度，不浮躁，学校对三类课程的实施规范而有品质。

国家课程校本化实施有理有方。学校严格执行上海市小学课程计划，认真实施国家课程，坚持做到开齐课程，开足课时，不随意增减课时。认真学习市、区关于"减负"的文件精神，在此基础上制定并落实学校"减负"若干规定。

落实市教委关于开展"阳光体育一小时"活动，根据实际、结合学生年龄特点，制订了详尽的实施方案，并充分体现"两个保证"，即"时间保证"：周一至周四上午第一节课为"快乐阳光活动"，"三课两操两活动"在课表中体现；"内容保证"：阳光体育活动以年级为单位，通过晴天室外活动、雨天室内游戏两大方面交替开展活动。

学校还制订了一年级学习准备期方案，做实一年级新生学习准备期工作,帮助孩子更早融入小学生活。针对一年级新生特点,放慢教学节奏,教师更多采用活泼、有趣的教学方法,激发学生的学习兴趣,从“听、说、读、写”这四个方面入手,让新生学会上课的基本规范。学校坚持国家课程校本化实施,如一年级的乒乓,每班每周都有一节训练课;四、五年级,每月各班上一节茶艺课,丰富了相关学科的学习内容。

校本课程个性化实施有选有别。学校以培育学生的主体意识、完善学生的认知结构、提高学生的自我规划和自主选择能力为宗旨,在科学、合理设置好基础型课程的同时,还着眼培养、激发和发展学生的兴趣爱好,开发学生潜能,促进学生个性发展,开设了丰富多彩的拓展课程,并且整合多方资源,丰富拓展型课程内容,逐渐形成四大类课程体系:学科拓展类、艺术类、体育类、科技类。“金融与理财”“经典诵读”“爱乐奇英语”“小小书法家”“围棋社”“上海童谣”“百科知识竞赛”“快乐毽球”“集邮社”“七彩画坊”“日语口语”“小小摄影家”“民乐葫芦丝”等,深受学生欢迎,使学生在人文艺术的校园文化环境中快乐、活泼、健康、自信地成长。学校还充分利用社区优质教育资源,积极开发和利用青少年活动中心、科技馆、东方艺术中心等各种社会教育资源,加强学生社会实践,丰富“快乐活动日”的教学内容和组织形式,优化活动品质,提升活动质量。

探究型课程有效性实施有型有力。学校还根据不同年龄段的学生,开发开设了不同类型的探究课,如低年级利用探究型课程学习探究包的资料;三、四年级开设金融与理财课、水资源课程,努力形成适应不同年级的课堂教学模式,尝试了探究型课程与学科的有机整合。学校还以微型课题(项目)的形式,引导学生从校内外的学习生活、社会生活、生产实践等领域发现有探究意义的课题,进行合作式自主学习(发现问题、解决问题)。各年级结合学校课题均开设基于“国际视野教育”

的探究型课程，以小课题、小项目探究的形式，以课内外结合的方式推进课题的实施，取得了丰硕的探究成果。学校还将探究性学习方式渗透于课堂，在各学科的课堂教学中倡导“自主、合作、探究”的学习方式，使探究成为学生习得知识的一种常态。

质量导向：教学管理重视常态化

提高教学质量，必须建立在制度化和常态化的基础上，为此，学校强化制度建设，注重平时的过程把控。

学校先后制定了教学管理的系列制度，并开展学习与研讨，确保制度的贯彻与落实，提升教学管理水平。如以教研组为单位，建立备课组长负责制，形成各学科的备课要求和备课范式；完善“听课”制度，实施校内公开课常态化，推进教师教学反馈制度，对教师的课堂教学进行诊断性评价、发展性评价。加强行政人员的推门听课，注重课后的评价与反馈，切实提高教师教学能力。每学期，学校组织四次教学质量监控工作：期中、期末和两次阶段考试。命题依据《课程标准》、教学目标的要求，全面考核学生的基础知识和基本技能，不出偏题、怪题。考试后进行教师个人、教研组等多层次的质量分析，各类检查结果都记入教师的业务档案。音乐、体育、美术、自然、劳技、信科、品德与社会等学科，学校每学期制订考核方案。学校积极实施发展性的学生学业评价，认真落实《学生成长手册》，关注学生综合素质评价。加强学科教学有效性研究，关注学习困难学生，高年级的义务补差工作为学力不足的学生提供了进步的契机。对语、数、英学科，学校以教师的《自编超市作业集》为范本，建立了一批高质量习题库资料，教师做到“两批”，即对学生的作业既要做到“全批”，还要做好适当的“面批”，并督促学生做好作业订正，以此推进分层教学和减负增效。

抓住关键：教学环节注重优质化

教学环节，是完成教育教学的通道。优质教学，就要在过程管理和实施中体现高效。

在落实教学五环节中，学校突出重点、抓出成效。如在备课环节，建立了“三统一”的工作规范，即“备课组要统一教学进度、教学内容、作业要求”，完善备课组集体备课制度，推行分工合作的单元主备模式。在语、数两科推行“导学案”备课。还建立备课资源传承制度，不断丰富备课素材，优化备课环节。又如在作业环节，推行“超市作业”，布置作业控制总量，作业设计体现基础性、层次性和选择性，满足不同层次学生的需要，以此提高作业的有效性，落实减负增效。在教学环节，实施了“以学定教”的“学案式”课堂教学模式的探索与实践。在辅导环节，尊重学生的个别差异，选用适当的方式进行辅导。建立特殊学生档案，对特殊学生另外制定考核及评价标准，争取让每一个孩子都能在成功体验中快乐地成长。在评价环节，充分利用好《学生成长手册》，加强过程性评价，以等第与评语相结合的方式对学生进行综合性评价，切实发挥评价促进学生发展的作用。

学校积极进行实践探索，让减负增效落到实处。学校紧紧围绕区级课题“小学高年级导学案的设计与运用”开展“导学案”的实践与研究，强化“以学定教”的学案式课堂，推进课堂教学改革，把课堂还给学生，让每个学生都能在课堂上活动起来。在语、数、英三门学科进行“微型课程”研究，如语文的课前两分钟演讲，分年级，有主题；数学的课前小计算练习；英语的课前单词大比拼等。为扩大学生阅读量，增加学生的语言积累，让每一位学生能与书为伴，学校还加强课外阅读，拿出一部分图书经费，每学期让每位学生自行购买一本课外书，写上推荐理由或读书心得，并在教室里增设书柜，建立班级图书馆。

动感画面

从学生兴趣导入

教材，是统一的，但如何教学是有讲究的，教师的教学艺术就在于巧妙。

数学老师沈飞，平时在课堂教学中以平等相待、张弛有度为准则与学生友好相处，用学生生活中熟悉的情境导入教学，如在“列方程解和倍、差倍应用题”教学活动中，贴近生活，创设情景，在上课开始时，就提问：“谁能告诉老师，你今年几岁了？你的妈妈今年几岁了？”一下子吸引了学生，而根据“‘妈妈今年36岁，我今年9岁’这个信息，你能提出数学问题？”则引出了生活与数学的问题，激起了学生的探究兴趣。

沈老师说，年龄问题是大家最熟悉不过的事了。用年龄问题导入本课，不仅能拉近学生和老师之间的距离，而且使学生的学习兴趣一下子调动了起来。因为猜老师的年龄，再加上猜老师女儿的年龄，一下子把学生的“兴趣”之火点燃了。这一环节为本课做了一个很好的铺垫，给课的导入起了一个好头。在第二个环节中，依然创设年龄问题这个学生感兴趣的数学情境，让学生根据信息提出问题。在这一环节中，通过师生、生生间的合作学习，在表达、交流、讨论的过程中，让学生在问题解决过程中进行数学学习，获得数学知识，养成数学思维。同时在交流反馈的过程中，加强对学生的人文关怀，教育他们在学生时代要珍惜光阴，认真学习，用奋发向上的不懈努力体现生命的价值。

像这样教学与生活、学科知识与教育意义相联的课堂教学，在进才实验小学成为一种普遍的范式。

赵校长心语

向课改要质量

课程教学改革，不是凭空想象，也不是个人爱好，而是实现优质教育的必然途径。

教育是科学，教学是艺术，这是大家的共识。而对学校来说，课程计划的实施、教材使用的到位、教学法环节的落实等，都必须与时俱进。没有最好的教育和教学，只有更好的教育和教学，而课改，就是让我们越来越走近教育规律、走向教学艺术的阶梯。

课改工作是长期的，是一个不断探索和推进的过程。我们从学生发展出发，从教学与生活相近、与未来贴近入手，致力于学生知识结构的丰满、学生思维能力的提升、学生动手能力的强劲，从而使课改成为学校办学品位提高的抓手、教师专业发展加速的引擎、学生健康快乐成长的途径。

向课改要质量，我们任重道远。

（原载2014年9月4日《文汇报》第7版）

项目有优化：为办学的特色发展开拓

——上海市浦东新区进才实验小学办家门口好学校纪实(特色篇)

在全面实施素质教育中，在全面发展追求中，上海市浦东新区进才实验小学通过建立特色项目和创建城市学校少年宫等方式，以实验项目为抓手，以课题建设为载体，重点抓好艺体教育、生命教育、国际理解教育，使之成为学校的办学特色和亮点，在实现全面育人的和谐教育中切实促进学生自信、负责、健康快乐地成长，同时提升学校的办学层次，扩大学校的社会影响力，打造优质学校的品牌。

双管齐下：艺体教育呈现普及与提高之势

艺术和体育，是学生综合素养的两个重要方面，对学生成长起着突出作用。

学校进行“体育、艺术 2+1 项目”创建。通过小学阶段的学习训练，让每一位学生至少学会 2 项体育技能、1 项艺术技能，既是全面实施素质教育，践行“为每一位学生终身发展服务”之办学理念的迫切需要，也是学校以艺体教育为抓手，以课程建设为载体，强化审美教育、生命教育的重要举措。在2010年9月至今的四年多中，学校的艺体教育已形成特色，彰显学校办学的亮点。

理念引领：艺术是对人的情感的高尚陶冶，能够对人的言行举止、形象气质产生潜移默化的熏陶。中国古代就非常注重艺术教育，有专门的“乐”“艺”学习场所。传统的“礼”也是古人通过艺术教育培养的。赵国弟校长非常重视中华民族优秀传统文化的传承，关注学生“艺”的训练，“礼”的形成。因此，他先后创办的六所学校都十分重视艺体教育：在育童小学首创“阳光体育一小时”活动；调入进才后，赵校长更是在传承已有成功经验的基础上，因校制宜，改革创新，提出了让每一位学生至少学会2项体育技能、1项艺术技能的要求。

难点诊断：在现实背景下广泛、持久地开展艺体教育难度不小。一是应试教育的功利价值取向依然根深蒂固，困难与阻力较大；二是学校系一所特大型公办小学，要使2 000多名学生在有限的师资和空间内学会“2+1”艺体技能，且能持之以恒地自觉练习，很有“无米之炊”之难。

共识形成：在先进理念的指引下，借助行政会议、党支部会议、教工大会等途径，校长和班子成员做宣传、动员，要求每一位教师（特别是学校班子成员、党员教师）端正教育思想、更新育人理念、转变思维定势，从全面贯彻和落实党的教育方针、切实推进素质教育、为中华民族伟大复兴培养有用之才的高度去认识艺体教育在学校教育中的地位和作用。学校的教师素养较高，在学习、讨论中形成了共识。另外，学校利用家长会、发放《告家长书》等方式，增强家长对学校艺体教育的认同度、支持度。

课程开路：为规范、有序地落实艺体教育，学校将点面结合、提高与普及双管齐下的艺体教育全部纳入校本课程建设范畴，根据艺体教育的目标、任务分别制定体育、艺术课程的课程标准,编写校本教材,供学生和老师选择、训练之用。

科研跟进:在创建艺体教育特色的过程中,学校始终坚持“科研跟进、理论指导”的方略,在“求真务实、研以致用”中实化、优化艺体教育。市级课题《小学生“体育、艺术 2+1 项目”实施方案研究》和区级内涵发展项目《小学生艺体素质培养的实践研究》均已立项,且在积极研究中,已取得明显阶段成果。艺体教师个人的研究课题有 10 多个,获奖率较高。

点面互动:在艺体教育中,学校处理好点与面、普及与提高的关系,既有着普及型的每位学生应知应会的艺体项目学习、训练,又有提高性的展示学生个性特长、彰显学校艺体品牌的艺体团队,如管乐队、合唱队、乒乓球队等。

学校课题组调查表明:每位学生至少已习得 1 门艺术技能,有半数以上学生已习得 2 门以上艺术技能;有四分之一学生在某一艺术项目上有一技之长。

结合学校课题《小学生艺体素质培养的实践研究》,每位学生至少习得 2 门健身技能;有半数以上学生已习得 3 门以上健身技能;有部分学生在某一健身项目上有一技之长。

阵地强固:城市学校少年宫成为增长才艺的大舞台

学校少年宫以“兴趣”“乐趣”“情趣”为目标,以科学发展观为指导,以全面育人为宗旨,在建设过程中既重视硬件建设,也重视软件建设。学校以活动场馆为依托,以社团(俱乐部)建设为载体,大力开展课外文体活动。

“兴趣”,就是让孩子课外时间在少年宫快乐成长,根据自己的兴趣爱好选择自己喜欢的社团活动，激发学生对自我爱好的兴趣；“乐趣”，就是让学生和小伙伴一起体验学习的快乐，充分享受到兴趣带来的乐趣；“情趣”，就是让学生在少年宫充分享受乐趣，学习知识技能的同时，不断积淀丰富的精神情感。总之，让学生在个性得到张扬、特长得到发展的同时，努力做一个情感丰富、志趣高雅的人。

“艺体教三结合”是学校的办学特色，“坚定不移地实施素质教育，促进学生全面发展”是学校的办学指导思想。开展多元化的城市学校少年宫课程，充分发挥学生个性特长，是体现教育的综合发展功能与追求。

学校目前活动项目设有体育健康类：篮球、足球、羽毛球、乒乓球、跆拳道、围棋、国际象棋等；艺术教育类：小提琴、少儿舞蹈、少儿芭蕾、少儿拉丁舞、水墨画与书法、儿童画、少年合唱团、交响乐团、管乐团、弦乐团、口琴演奏、民族鼓、茶艺等；科技实践类：航模船模科技、创造小乐园、小小建筑师等；手工制作类：十字绣、立体折纸等；还有其他各种类型：集邮、小记者团、爱乐奇英语等百多门课程。2012 学年，学校根据学生的兴趣爱好和学生个性发展的需要，又新增了以党团员志愿者领衔的各类课程，如英语童话剧、学说上海话、巧算 24 点、上海童谣、快乐阅读、真爱梦想、数学小博士等。

学校还拥有丰富的俱乐部资源，如：丁松乒乓球俱乐部指导的少儿乒乓球训练基地；拥有一支由羽毛球专业运动员担任教练的羽毛球俱乐部训练基地，分两个梯队坚持常年训练。另外还有篮球、足球、跆拳道、围棋等专项训练队。在“体教结合”的训练模式下，学校各训练队的运动员不仅可以得到优秀教练员的言传身教，使运动成绩逐步稳步提高，而且在参加上海市、浦东新区举行的各类比赛中多次获得奖项。

此外，学校还拥有专业的培训机构指导，如：冀瑞铠艺术培训中心指导的管乐队、管弦乐队、民族鼓队、大提琴、小提琴、打击乐、笛鼓队、萨克斯重奏、管乐重奏等专项训练队；四季丽妍舞蹈培训中心指导的少儿芭蕾舞社团。2013年1月26日，学校舞蹈队的16名学生参加了第九届在美国夏威夷举行的国际青少年音乐舞蹈比赛，经过紧张激烈的角逐，学校参赛的舞蹈《苗儿》荣获表演一等奖，同时还获得了优秀组织奖。

学校于2010年10月组建了学校管乐队，2012年9月组建了管弦乐队，乐队每周定时定点进行排练。学校聘请了专业老师担任乐队指挥，为乐队配备了音乐老师负责管理和协助训练，并制定了管乐队规章制度和管乐队队员管理制度，以确保乐队的正常活动。学校还注重乐队梯队的建设，根据学生的生理特点在每一个年级设立相应的器乐学习班，制订了培训班的培训计划，为乐队输送后备人才，通过师生的共同努力，学校管乐队已日渐成熟，在新区第七、第八届学生艺术节中学校的特色小乐队和管乐队双双获得新区特等奖，并代表新区参加市级的比赛。

2013年1月15日，进才实验小学全校师生在东方艺术中心举办了一场盛大的新年音乐会，获得了巨大的成功。此次参与演出的师生共计280余名，邀请家长观看，并得到了好评。

2013年8月19日—24日，学校管弦乐队受邀去德国参加了第一届上海—汉堡国际青少年音乐艺术节，学生在此次弦乐比赛中也取得了优异的成绩：小提琴获得一等奖一名、二等奖两名，大提琴获得三等奖一名。

这次音乐节对于所有的孩子来说是一种独特的经历。大家既可以尽情地展示自己的特长、爱好，又可以丰富提高专业知识，与不同国籍、不同语言、不同文化的伙伴们交流、生活、学习、演出。这种不同文化的体验以及对音乐理解的交流会，不仅让学生丰富了自己的乐理，而且还可以始终保存在记忆当中。

由于学校城市学校少年宫工作的认真开展，2012 年 6 月，被区文明办和教育局命名为“浦东新区城市学校少年宫”试点单位。2012 年 10 月，上海市精神文明办在学校召开城市学校少年宫的调研工作会议，同年 11 月 2 日由上海市文明办和上海市教委正式授牌，学校成为上海市“城市学校少年宫”建设试点学校。2012 年 11 月 14 日，中央文明办领导到校参观，对开展城市学校少年宫工作给予了高度评价。同时，引起了本市各媒体的关注。2012 年 10 月 30 日《青年报》以《沪上“学校里的少年宫”本周末挂牌》为题，用一整个版面介绍了学校城市学校少年宫开设的情况，11 月 6 日《青年报》又以《进才实验小学引入“搭积木”课程》为题，对学校城市学校少年宫开设进行了跟踪报道。2012 年 11 月 6 日星尚频道《今日印象》栏目，对学校城市学校少年宫开设进行了专题报道。2013 年 3 月，浦东电视台也做了专题报道。

动感画面

德国汉堡舞台上的进才实小风光

2014 年 7 月 4 日至 6 日，进才实验小学的 77 名学生在德国汉堡进行文化交流和演出。

4 日晚上，来自上海的孩子们和汉堡的孩子们在汉堡市最大的 Laeiszhalle-Musikhalle 音乐厅，为汉堡的观众带来了一场中西合璧的音乐盛宴。进才实小学生为德国观众献上了一场具有华夏特色的演出，合唱曲目《静夜思》《赋得古原草送别》用歌声让观众走近了中国古代诗歌的璀璨，民族舞蹈、葫芦丝和民族鼓使观众体会到中华民族的热情四射……最后，中德学生合作演出的《传说之桥》为本次的汉堡国际青少年音乐艺术节拉开帷幕。

6日下午，学校和汉堡国立音乐学校学生还在阿尔斯特内湖畔的广场上为当地观众带来了一场精彩的露天演出。

德方代表说："文化的交流除了用语言，还能用音乐去传达，这种跨越语言的魅力让两座相隔千里的城市如若比邻。"赵国弟校长作为友好学校代表上台发言，他认为孩子在不同的生活中学习成长，更广阔的交流空间给予孩子更高的眼界，走出国门的艺术交流让孩子有个展示和肯定自己的舞台。

赵校长心语

更全面更高雅

学校的办学特色，说到底应当表现在育人的特色上。办学的全部价值，教育的理想追求，最终会在学生身上体现出来。

因此，无论从贯彻党的教育方针着眼，还是从实施素质教育入手，无论从关注学生的在校发展来看，还是关注学生的长远发展谋划，追求学生更全面、更高雅的发展，应当是题中之义。

更全面，让我们对学生的教育服务体现优质的品质；更高雅，让我们对学生的品质提升表现卓越的品位。

在当前，艺术、体育，与更全面相关，与更高雅相投。我们的办学应当在更全面、更高雅中实现特色的开拓。

（原载2014年9月5日《文汇报》第10版）

主体性德育："一本二重三自"彰显威力

——上海市浦东新区进才实验小学办学优质、育人优品纪实(德育篇)

地处浦东国际化程度很高的联洋社区，面对复杂的学生家庭背景和多元文化的影响，上海市浦东新区进才实验小学从2010年独立办学以来，以学生发展为本，努力贯彻德智体美劳全面发展的教育方针，坚持素质教育，坚持立德树人，坚持综合发展，办成了让社会赞誉、让家长放心的家门口的好学校。

育人先育德。育人为本，德育为先。学校提出"教育好每一位学生，让每一位学生都能在自信、负责、快乐、成功中得到主动发展"。校长赵国弟认为，以责任感为核心的主体性德育，从小培养学生的责任感，对自己负责，对家庭负责，对他人负责，对社会负责，是主体性德育的重点，也是增强德育实效性的要点。

主体性德育，是进才实验小学德育工作的鲜明特色和基本遵循，得到了师生的广泛认同，成为学生拥有德性的基本特征。学校努力构建"一本、二重、三自"的德育模式，是实施主体性德育的成功做法，给人以许多启迪。

“一本”:“主体性德育”映衬学生生活的“背景”

学校的主体性德育,强调以学生为主体对象,突出以学生生活为本,一切从学生的成长需求出发,德育来源于他们真实的生活,旨在加强针对性和有效性。

坚持以学生生活为本

德育内容来自学生的生活。学校认为,以学生生活为本的主体性德育,贴近学生的生活,无论是德育内容,还是德育的形式,无论是民族精神教育,还是行为规范教育,无论是环保教育,还是生命教育,无论是责任教育,还是金融教育等,都要使学生融入生活实际,这样才能既凸显学生的主体性,又能增强德育的实效性。

形成生命的教育系列

学校的系列德育课程均以学生生活为本源,如“水资源”“国际视野教育”等。在各年级开设的《生命教育》课程,针对不同年级学生、不同生活经验循序渐进。一、二年级:人与己教育——使学生了解自我的价值,培养自爱与被爱、自我尊重与被尊重的意识和能力;三年级:人与人教育——使学生了解每个人都同样重要、同样有价值,从而学会爱人、尊重他人;四年级:人与环境教育——使学生了解世界的美好,体会生命的意义,从而懂得爱惜所有的生命;五年级:人与人生教育——使学生了解人要努力向上,不断提升自我、爱惜所有生命,并逐步形成崇高的理想信念。这样的教育针对性强,能让不同年级的学生有所侧重地了解到各个年龄阶段的“生命”价值和意义。

“二重”:“主体性德育”提供童趣体验的“场景”

学校的主体性德育,采取“二重”——重童趣、重体验的德育策略,符合学生的认知特点和汲取偏好,强调实践出真知,体验悟真谛。

童趣提高接受指数

学校认为,小学德育内容形式要从学生的实际出发,在童趣中以形象示人、以乐趣引人。——环境文化充满童趣。在校园内都会贴上一些语言生动、形状新颖、装点可爱、富有童趣的“行规小贴士”。如“只有犀牛才会横冲直撞,我们要做稳重的小象”“不要踩小草哦,它们正在睡觉呢”等,不仅让刚识字的低年级学生喜爱品读,幽默的语言还吸引了高年级学生的驻足浏览,起到了很好的引导作用。——活动设计展现童趣。如学校持续开展的“我成长着、我快乐着”主题系列活动童趣甚浓,尤其是三年级“我十岁啦”主题队活动,学生把爸爸妈妈陪伴自己成长的婴儿、幼儿园、小学等各个时期的生活照片,用 RV 形式播放出来,童趣、爱思、责任在回忆与笑声中交融、升华,使学生终生难忘。

体验增加直观效果

学校搭建各种实践体验平台,鼓励学生积极参与德育体验活动。如社会实践,体验社会。每学期除了常规的春季或秋季社会考察活动外,还增加了一次社会实践体验活动——“社会大课堂”。由学校提供车辆,地点班级自选。有的去企业看看饮料是怎么生产的;有的上敬老院陪老爷爷老奶奶说说话;有的感受军营生活……每一次的社会实践活动,让学生有直观感知、切身体验。再如小小证书,体验成功。对每周的升旗手，学校会颁发一张升旗手证书、一张升旗手照片；新年音乐会，学校给每一位演员发一份演出节目单、一张演出光碟、一张演出证书、一份演出纪念品，让学生体验成功的快乐，享受成功的喜悦。

“三自”：“主体性德育”演绎自主管教评的“情景”

学校的主体性德育，给予学生“自我管理、自我教育、自我评价”的时空。

自我管理学生当主持

在班级、年级、学校，都设有学生自主管理岗位，学校的各项工作、各项活动、各个角落都由学生自主管理。如学校实行“队干部选举制度”，从一年级开始，无论是儿童团、少先队的班队干部，还是校级小干部，竞聘活动由学生主持，参加竞聘学生轮流上台演讲、学生投票、新队干部就职演说等一系列活动，切实增强了学生的民主意识、参与意识、竞争意识和责任意识。

自我教育学生任主角

榜样的力量是无穷的。学校对于榜样示范学生从不吝惜对他们的称赞和表彰，这既是学生进行自我教育的好素材，又是引发比学赶帮的动力源。如每一学年开展的“十大星光少年”评选活动，有助于挖掘学生潜能，发展学生个性，培养学生特长。

自主评价学生做主人

学校认为，学生的自主评价，不仅是学生对自我做出的评价，还指学生参与对他事、他人的评价。学校主题活动中引进学生自主评价的机制，如新年音乐会中，每班派出一名行规监督员，对其他班级的纪律、态度、礼仪等进行评价。

精彩实录

充满责任感的爱心“义卖”

培养学生的责任感，从小事做起，从付出爱心开端。

在进才实验小学，每年在六一儿童节举行爱心义卖活动，不仅成为传统的“特色项目”，而且也是培养学生责任感的“关键节点”。

活动当天，校园洋溢着浓浓的爱的气氛，教师积极带头，所有学生参与其中，体验献爱心的意义，并将义卖所得款项建立爱心基金，扶持校内外需要帮助的弱势群体。

每次义卖活动，学校都热闹非凡，大屏幕上画面闪动，广播里轻声细语，海报栏上图文并茂，各班则会在教室门口张贴班级海报，还邀请家长一起参与，结束后学生处会做一个详尽的总结，汇聚爱心，激扬正气。如，为四川雅安地震灾区举行“参与爱心义卖、分享劳动快乐、帮助灾区伙伴”的义卖活动，当天，每个班级门口都有海报，每一间教室转眼变成了一间间“店铺”，而校内也变成了一个大大的“跳蚤市场”。学生不仅参与本班物品的销售，还到其他班“串门子”，买一些自己需要的东西，还将自己亲手制作的手工艺品和绘画作品拿来义卖。很多“店铺”布置得像模像样，“叮当小铺”“阳光小铺”“小蚂蚁淘淘屋”等别具一格，学生设计者别出心裁，还将支持雅安的话语贴在醒目处，而店中的“推销员”

也热情介绍，吸引“顾客”，还为买者送上一个“爱心贴”。

一位三年级女生说：“我们在过儿童节获得欢乐时，要想到一些还有困难的同伴，通过爱心义卖，能培养我们关爱他人的责任心。”

赵校长感言

要让德育产生幸福感

立德树人，是学校教育的根本任务，也是教育工作者的神圣职责。在德智体美劳全面发展的“五育并举”中，德育起着奠基的作用。德性好，能行远。

正因为此，学校将主体性德育视为促使学生做正直之人的“头道功夫”，也就是要使德育建立在激发学生主体地位上，弘扬社会主义核心价值观，帮助学生系好人生的第一粒“纽扣”。

作为教人做好人的德育，要有吸引力、感召力、推动力，必须具备思想的意义、价值的高尚、内容的正确，同时要蕴含幸福的滋味、前瞻的寻味、引导的体味。建立在成长幸福感中的德育，最有主体性的地位、有效性的作用、启迪性的示范。

（原载 2020 年 9 月 21 日《文汇报》第 7 版）

激发性智育："导学案""微课"释放引力

——上海市浦东新区进才实验小学办学优质、育人优品纪实(智育篇)

智育，是学生身心发育、健康成长的重要来源，也是学校教育的重要内容。

在浦东，以学生综合素养得到全面提高、教学质量始终稳居区同类学校前列的上海市浦东新区进才实验小学，在2010年独立办学后，始终高举素质教育的大旗，着眼于培养德智体美劳全面发展的社会主义建设者和接班人，注重学生综合素养的养成，在学校智育实施上转变观念，更新办法，以质量取胜，以效益扬长，办成了高品质的小学。

激发性智育，是学校对学生学习能力建树的有效策略。激发性智育，以学生发展为本，注重学生基础知识、基础能力和基础习惯的综合培养；以开发思维为要，讲究思维意识、思维方法、思维辨析的全面提升；以培养能力为重，强调知识获取、知识联系、知识架构的立体联网，旨在为学生在学业、智力上的可持续发展提供"养料"。

为使激发性智育行之有效，学校对课程教学进行了深度改革，提出并探索了一系列富有睿智的做法："导学案"的设计与运用已普遍化；"学习任务单"已引进各年级各学科课堂；分层超市作业，让学生自主选择作业。如今,少教多学,少讲多练,学生自主学习、合作探究的核心学习素养基本形成,有效教学、创新教学、特色教学已成为常态,学生的学习积极性大为高涨。

拓展、探究课程:为"激发性智育"开渠

课程是智育的主要载体。学校除基础型课程校本化实施外,还把拓展型课和探究型课作为"激发性智育"的重要板块,进行功能性的拓展。

拓展型课四大板块

拓展型课依托学校、家庭、社会"三位一体"的和谐教育体系支撑,学校不断整合教育资源,形成各具特色的社团和实践活动,有效拓宽课程空间,使之成为学生学习生活中不可或缺的重要组成部分,分为艺术与人文、语言与思维、运动与健康、科学与技术四个模块,并开设相应的课程。如《科技与技术》中的"小小科学家系列",分层开设一年级《小小建筑师》、二年级《小小工程师》、三年级《快乐学电学》、四年级《超时空之旅》等。

用好探究型课程学习包

根据不同年龄段学生的身心特点,学校开发了不同类型的探究课,还结合学校课题和项目研究,用好探究型课程学习包,引导学生以小课题、小项目探究的形式,以课内外结合的方式进行自主式、合作式学习探究,取得了丰硕的探究成果,扩大了眼界,增长了见识,提高了能力。

“导学案”：为“激发性智育”点拨

“导学案”的设计与运用，这项学校教学改革的重要举措，通过试行已经为广大教师所认同，并在课堂教学中得到广泛运用。

“导学案”重在引导

“引导”指的是通过改变环境刺激，诱导人们的行为反应。语文老师唐咏梅说：“导学案”运用中的“引导”是指教师要善于用激励性的语言和适切性的情境唤起学生学习的热情，引导他们较快地进入学习状态；教师也要根据学生已有的知识和能力，再结合教材，设计出有效的学案，以便引导学生正确地把握学习的方向；教师更要关注学生学习的过程，对学生学习中遇到的难点或问题及时加以总结和点评，从而促进学生的学习和发展。

对“导学案”蕴含的“要素”，不少教师烂熟于心：有的说，导学，就是引导学生进入学习的角色，如采用情境引入、感情渲染、环境烘托等有效的方法，引起学生感官上的注意，唤起学生学习的欲望，激起学生学习的热情，使他们较好地进入学习状态；有的说，引导学生把握学习的方向，教师充分利用学习任务单，在不同的学习阶段布置相应的学习任务，从而给学生指明学习的方向和目标；还有的说，引导学生掌握学习的重难点，引导学生学会归纳和总结。

“导学案”的情境导入

在“导学案”的运用过程中，教师拟有目的地引入或创设具有一定情绪色彩的以形象为主体的生动翔实的场景，以此激发学生的积极情感，唤起他们学习的欲望，引起他们想学、乐学的情态体验，这无疑是运用“导学案”的首要前提。如，上海版小学语文第八册中《秦陵兵马俑》一课的“导学案”中，教师边借助多媒体展示世界八大奇观的画面，边用充满激情的语言，为学生创设了一个非常有效的情境：同学们，我们伟大的人类用智慧创造了一个又一个奇迹。看！古巴比伦的空中花园、古埃及的金字塔……而我国的秦陵兵马俑被称为世界第八大奇观。学生们兴趣盎然，个个瞪大眼睛注视屏幕，不时发出阵阵赞叹声。

分层超市作业：为“激发性智育”充电

作业，是学生巩固学习成果和教师反馈教学的重要载体。学校引导教师在作业布置上讲究层次性、针对性、适合性，从而为学生学会学习打开窗口。

作业设计综合化、层次性

作业设计注重作业的综合化和生活化。钱文杰老师说：“我在教学中主推活动式作业，突破传统作业的形式，作业从单一的抄写形式中走出来，听、说、读、写全面‘开花’，巧妙结合唱、画、游戏、制作、搜集等学生喜闻乐见的形式，把知识技能的训练、创新能力的培养和智能的开发与活动联系起来，让作业有趣味、有吸引力。”同时要求：低年级学生每周学会唱一首英语歌，开展英语晨读活动等作业；中年级学生做好课堂知识的拓展作业；高年级学生则两天记录一条英语谚语，课前用英语介绍一条最近的新闻等。

作业的选用自主化、多媒体化

作业的设计尽量从各层次学生的实际出发，依据最近发展区，建立多层次的弹性作业结构，以适应不同层次学生的需要，使每个学生各有收获，都能享受到成功的喜悦。如有的老师设计了三种作业：第一种作业是调查你朋友一天的起居时间；第二种作业要求学生仿照课本，配图描述自己一天的活动；第三种作业是制作一张宣传珍惜时间的小报。允许不同层次的学生达到目标的速度存在一定的差异，既调动了学生的积极性，又能激励学生的竞争意识，关注了每位学生的成长和进步。

精彩实录

课前"两分钟"的"微课堂"

也许，2 分钟，似乎算不了什么；课前 2 分钟，好像也没啥稀奇。

不过，在进才实验小学，2 分钟是有"价值"的，课前 2 分钟是有"工作"的。

提高学习效率，养成学生主动、自主的学习能力和思维方式，往往就能事半功倍。那么，该从何入手？增效减负，首先需要教师转变思想，校长赵国弟说："我们教师退一步，把讲台让给学生，让他们忙起来、动起来，形成平等的教学关系，学生们自然会积极主动。"

于是，赵校长提议：课前 2 分钟让给学生。这样，在进才实验小学，每节课开始前的 2 分钟成为"黄金时间"，出现"缤纷场景"：这 2 分钟，是学生的"专利"——学生的讲台，是他们予以表达的机会。语文课前 2 分钟，学生将一本书的读后感娓娓道来；数学课前 2 分钟，学生介绍测量工具俨然工程师模样；英语课前 2 分钟，学生微主题演讲流利通畅；体育课前 2 分钟，学生介绍博尔特、约翰逊或是李娜，犹如专业主持……因为每个学科都有“微课堂”，每个学生一学期上台表达都能轮上好几次。

这每个短短的2分钟所产生的价值非同寻常。在透出学生学科底蕴的同时，一种激发性的智育悄然而生，是语言，是知识，是表达，是驾驭，似乎成长的元素在这里“集合”与“迸发”。

赵校长感言

智力开发重在激发自主

学业，是学生综合成长的重要方面。与传统的知识传授相比，激发学生的自主能动性，显得十分必要。这是因为学习过程，其实是自我认知、自发激发、自我成就的过程。

进才实验小学推崇“激发性智育”，立足点在于让学习过程变成学生能动地掌握知识、增长能力的过程，强调输入与输出的匹配。因此，学校采取的许多做法，包括“导学案”“学习任务单”“探究性学习”以及课前两分钟“微课堂”，都旨在从激发学生的内驱力着眼，从学生的潜能开发着手，从建构学生的思维下手，从而让学习过程变成“引擎”发动的全程，让学生在知识海洋中学会游泳，鼓励他们通过能力导向，到达理想的彼岸。

（原载2020年9月22日《文汇报》第7版）

童趣性体育："多管齐下"迸发活力

——上海市浦东新区进才实验小学办学优质、育人优品纪实(体育篇)

健康第一，体育的重要性不言而喻，而学校体育更有着鲜明而又独特的育人作用。

从2010年独立办学伊始，上海市浦东新区进才实验小学就把体育放在一个突出位置，从学生身心发育的规律出发，瞄准学生的身体健康，根据时代育人的要求和学校的具体实际，以课程和活动为载体，从课时安排、场地落实、项目选择等多方面进行了深入探索，"童趣性"的体育成为学生身心锻炼和学校体育的鲜明特色。

"童趣性"体育，以健康为主旨，以育人为立足，致力于营造学校体育锻炼的氛围；以兴趣为燃点，以技能为重点，致力于学生体育锻炼从兴趣到自觉的引导；以习惯为重点，以养成为途径，致力于从小培养终身锻炼的意识和能力。

如今，"童趣性"体育的实施，结出了丰硕的成果：学生不仅掌握了一至两个锻炼本领，而且与艺术结合形成了综合素质，学校在各类体育竞赛中成绩斐然，荣获了"全国足球传统学校""上海市体育先进学校"等称号。

为“童趣性”体育培基：阳光体育活动“五推进”

阳光体育活动是学生体育锻炼的“主戏”。学校对此做出了具体的制度安排和操作规则，将此“主戏”“天天演”。

首节课为体育活动课

学校自2010年独立办学以来，无论是夏令制8：15上学，还是冬令制8：30上学(学校每年11月开始到来年4月底实施冬令制，将晨会课调整为午会课，上学时间推迟到8：30)，始终坚持第一节上体育活动课，9：20才上其他课程。

五个维度有保障

为提高阳光体育活动的实效性，学校坚持从五个维度有序推进：其一，阳光体育课程化。根据学生的年龄特点、兴趣爱好和运动能力，设计了20多项室外体育活动、10多项室内棋类活动，固定安排在不同年级、不同班级同时进行。其二，器材保管自主化。大部分运动器材由学校准备，短绳、毽子等微型器材由学生准备，各类器材由班级管理，节省流程，保障学生运动的时间，还培养了学生的管理能力与责任意识。其三，活动项目专一化。阳光体育活动每个班级室外每半个学期只安排一项活动，室内一个学年安排一项棋类活动，让学生有充足的时间专注学习，确保体育活动不走过场。其四，场地使用立体化。学校面积45亩，但面对73个班3 000来名学生，人均活动场地远远低于标准。为保证阳光体育活动有序开展，学校把走廊、校内道路等所有能活动的场地都充分利用起来，又在市教委、区教育局的支持下，把2个屋顶也改造成了活动场地，体育组则根据不同场地的特点，安排适合的项目，最大限度满足学生锻炼所需。其五，项目落实责任化。把每一个项目的开展、检测、改进落实到每一位体育老师。每个班级固定两位老师上阳光体育活动课，每个年级则固定有 2 位行政人员负责巡视、督促、指导、帮助。

为“童趣性”体育增能：特色运动项目“进课程”

体育课程是学生养成终身锻炼本领的“主阵地”。学校针对体育“重学科、轻整合”“重体质、轻健康”“重技术、轻情意”的偏颇，认真贯彻执行国家体育课程纲要，保证体育教学课程课时，1—5 年级每周都设 4 节体育课、4 节阳光体育活动课，在课时安排上雷打不动。

不断丰富体育校本课程

学生对体育运动的爱好是不一样的，为此，学校乒乓球、篮球、足球、羽毛球、跆拳道等项目作为体育课拓展内容，设置在不同年级，排入课表，每周安排一节课。对已具备师资力量的项目，学校自行解决，如羽毛球、篮球则由学校的体育老师实施教学。对缺乏师资的项目，如足球、乒乓球、跆拳道等，就通过购买服务，聘请专业教练来教学，以保证教学质量。

引进多个体育俱乐部

对体育运动具有天赋的学生，学校提出多元推进、分层提高的策略，在课堂普及、拓展提高的基础上，建立了马术、击剑、高尔夫、网球、足球、羽毛球、啦啦操、毽球、花样跳绳等 10 多个体育社团，如足球“进才豹”社团，已发展了200多位小球员。

为更好地组织社团训练，学校引进多个体育俱乐部，如：乒乓球引进了“丁松乒乓球俱乐部”、足球引进了“冠博足球俱乐部”，马术引进了“冰岛马术俱乐部”等，让那些确实有天赋的学生在初学阶段就得到最专业的指导，提高训练的效益，努力创造“体教融合”的体育专业人才培养路径。

为“童趣性”体育助力：游戏化教学探索“进课堂”

游戏化体育“进课堂”，是学校在实施体育教学中的遵循和创造，成为推进体育工作的强大助推器。

体育游戏重在健身促思维

学校认为，体育游戏本身就是一种积极有效的身体锻炼手段，对身体具有比较全面的锻炼效果。游戏中的各种跑、跳、投、翻转、平衡等练习可有效地伸展关节，提拉韧带，增加身体的平衡力及上下肢的肌肉力量，达到提高身体素质的目的。同时，体育游戏过程中调动学生视、听、触、平衡、时间、空间等感觉，从而激发学生的智力发展。

合作学习强化集体观念

体育运动中集体项目的重要特性之一就是合作。合作学习重视小组成员间合作能力的培养，具有优势互补、形成良好人际关系、促进学生个性健全发展等优势。如学习跳高，引导学生小组合作，共同探讨起跳、过杆及落地的动作要领和方法，生生互动在相互交流、商讨中强化了动作要领，提高了学习效率。

精彩实录

游戏让体育课更有活力

游戏，也可以成为体育锻炼的“香饽饽”。体育老师陆亮亮说：“课堂游戏化，可以更好地调动学生参与体育的积极性。”

如教学“投掷”，如果仅仅让学生投掷轻物体，动作单调，兴趣不大，效果也不好。于是，陆老师把投掷教材编成了“深山打猎”的小游戏。上课时先向学生简单介绍一下内容与要求，把学生分成几个打猎小组。上山时，用前脚掌走；下山时用脚跟走；遇到大石头，高抬腿走；发现了小野兽，悄悄地用脚尖走；前面有条小沟，用双脚跳；遇到了障碍，同学们互相援助，手拉手团结前进。看到天上小鸟飞，练腕部；看见大老鹰，练两臂。从山上看到山下远处有火车，就排成队学开火车，练臂绕环。发现假想中的狼和狐狸，就搬石头，用力向狼掷去。用实心球打狼、狐狸、小兔等，打“中”后，一件件往回运。最后，同学们唱着歌儿胜利而归。

这一整套的游戏化体育活动处理，既有活动的童趣，更有运动的锻炼，产生了多重效应。

赵校长感言

学会健身，终身受益

几乎没有人会否认体育的重要性，但如何将重要性变成必要性和习惯性，这是学校体育需要面对的课题。

进才实验小学提出“童趣性”的体育，是认同“兴趣是最好的老师"的理念，并以健康第一为宗旨，从培养学生的体育兴趣入手，循序渐进由兴趣变为爱好，由爱好变为习惯，由习惯变为自觉，并不停留于或简单追求于一般的兴趣。

学会健身，这是学校体育的题中之义，也是体育课程的追求目标，更是学生投身体育锻炼的理想结果。在终身受益上，每一个学生学会健身，是刚性要求，学校提出的"童趣性"体育就是引导之策。

（原载 2020 年 9 月 23 日《文汇报》第 8 版）

感受性美育："课程拓展体验实践"生发魅力

——上海市浦东新区进才实验小学办学优质、育人优品纪实(美育篇)

美，对自然、社会、人的吸引、牵动、熏陶作用，越来越被教育界所认同和推崇。

赵国弟校长在"上海市美学学会中小学美育实践与研究基地"授牌仪式上，语重心长地说："重视和发展学校美育工作，是贯彻落实中央有关精神的一个重要内容。美育是审美教育，也是情操教育和心灵教育，不仅能提升人的审美素养，还能潜移默化地影响人的情感、趣味、气质、胸襟，激励人的精神，温润人的心灵。美育与德育、智育、体育、劳育相辅相成、相互促进。"

自2010年独立办学以来，上海市浦东新区进才实验小学坚持以"为学生的卓越发展而服务"的办学理念，十分重视学生综合素养的培养，尤其是美育，因此着力为学生搭建展示才能的舞台："十大特长星光少年"评选、阳光体育活动、科技节、艺术节、体育节、世界文化节、新年音乐会等特色节日与活动，让学生在艺术节上展示才华，陶冶情操。

学校提出的"感受性美育"，注重美育内容的引入，注重美育体验的深化，注重美育生活的提供，为学生具备美的素养创造获得欣赏、体验、感悟、实践的机会，从而使美育从“阳春白雪”变成“下里巴人”，让每一个学生与艺术邂逅，与美育携手。

为“感受性”美育开源：中华优秀传统文化

美是有内容的。学校将中华传统优秀文化的精华作为对学生进行美育熏陶的极好养料，提供感受场所。

以国学为基调浸润传统文化

让学生了解中华民族传统文化，并在浓浓的传统文化氛围中熏陶，感悟中华民族传统文化的魅力，激发学生为祖国有如此众多的传统文化而骄傲的情感，将中华民族传统文化的根与魂植入小学生的心中。

学校校舍建筑外墙呈古代学宫特有的赭红色，校园整体布局“外方内圆”，展现中华传统建筑的独特魅力。在校内，学校精心设置了“优秀传统文化走廊”，把校园文化建设的基调定在国学，学生们在校园内行走，随处可见墙上、柱子上张贴的图文并茂的《三字经》《弟子规》《论语》等，让学生耳濡目染，浸濡在中国经典的国学文化氛围中，从中体验、感悟和享受。

以课程为载体感悟文明演绎

课程，是弘扬和培育中华优秀传统文化的重要载体，学校充分挖掘教育资源，在语文、音乐、美术、体育等课程中，加强传统文化的教育，同时还开发了茶艺、葫芦丝、《国学启蒙》《经典诵读》《中华成语小故事》《上海童谣》、弄堂游戏等20多门传统文化校本课程。这些课程根据学生不同年龄的特点，选择适合他们道德、知识和能力发展的内容，激活了学生对优秀民族传统文化探究的兴趣。

为"感受性"美育拓宽丰满艺术课程

课程对美育的落实具有奠基性的意义。学校通过课程建设，不断丰厚美育的阵地。

艺术教育纳入课程体系

学校现有在校学生 2 981 人，共 73 个教学班。学校将艺术教育纳入学校课程体系，开设了 51 门艺术科目，为学生的健康、个性需求、和谐发展提供优良的课程资源，并在常规教学、拓展型、探究型课程及放学后的城市学校少年宫活动中保证学生学习的时间和学习的有效性。

学校将普及与提高相结合，普及就是由学生自主报名，提高则是由专业教师选拔和招募，既有着普及性的每位学生应知应会的艺体项目学习、训练，又有提高性的展示学生个性特长、彰显学校艺术品牌的艺术团队。如，在拓展课上，让部分有兴趣、有提升空间的学生得以提高。而课后的学校少年宫艺术社团，则是将舞蹈队、合唱队、管乐队、民族鼓队、摩登舞队、戏剧社、茶艺社、书画社等纳入拓展与探究型课程建设范畴，定时、定点进行提高训练，保障学有余力的学生得到专业性提高。

艺术课程分层实施

根据学生的年龄差异和能力水平，学校对部分艺术课程进行了分层设计。如：《茶艺》分为初级、中级和高级；《美术创意课程》分成一年级《创意线描》、二年级《创意纸艺》、三年级《创意剪纸》、四年级《创意水墨》、五年级《创意素描》。学校还通过调查问卷、访谈等形式，了解课程开设情况，做出相应的调整。如：结合“芝麻街配音海选活动”推出了由专业的配音演员进校授课的配音班；结合国际艺术节“向大师致敬”活动开设了音乐剧。

为“感受性”美育壮骨拓展艺术体验

美育在于欣赏、借鉴、比较、选择，而体验是达成美育目标的桥梁，学校通过各种渠道，为学生美育体验创造条件。

走出校门扩大眼界

学校组织学生走进各大基地场馆进行实践活动，组织书画社学员参观美术馆，感受场馆教育；组织集邮社的学员参观邮政博物馆，进行集邮课题探究等活动。学校每学期每个年级除了春秋游以外，还会组织一次以上的走进厂矿企业、走进场馆的社会实践活动，特别是一些具有民族传统文化的场馆，如：上海博物馆、中华艺术宫、上海纺织博物馆、上海工艺美术博物馆、上海宝山国际民间艺术博览馆等，感受中华民族灿烂悠久的古代文明的独特魅力。

走进场馆体验文化

场馆教育具有开放性与多样性的学习环境，能丰富学生的学习经历，增强学生自主学习与探究意识。展品引发学生对其造型、内容进行观察、想象和表现，馆内信息可引导学生探究传统文化，包括对其功能、历史意义等的认知、解读、体验和感悟，进而依托科学知识与理论依据进行辨析，内化学生的知识结构，提高在真实情境中体验知识生成与应用的能力，从而达到创造潜能的开发。

精彩实录

“葫芦丝”乐器成学生最爱的“网红”

葫芦丝，是一种比较常见的民族乐器，在进才实验小学，这个乐器成为基础型艺术课程，得到了普及。

对葫芦丝课程，学生反响如何，学校曾做了专题调查，结果显示：尽管一年级学生由于手指瘦弱、不能很好地控制按孔，但经宣传认知后，84%的学生愿意接受它。二年级学生开始学习葫芦丝课程后，发现葫芦丝的音色很美，有学习的兴趣。三年级的学生有能力学好葫芦丝，但数据显示喜欢的人数仅占69%，有下滑趋势，根据这一情况，学校研究改变对策。四年级学生对其认可度开始回升，但对前期基础比较薄弱的学生来说仍有较大困难，此时，教师注意面向全体，帮助弱势。五年级学生具有大型葫芦丝演奏表演的经验，83%喜欢该课程，但学业的任务或多或少对学生的艺术学习产生一定冲击。教师则通过优化课堂，减少学生回家练习的时间，确保“人人齐步向前走”。

开设葫芦丝课程，不仅提供一门艺术技能学习，而且让学生亲身接触、体验，从而对艺术产生浓厚的兴趣，以增加艺术素养。

赵校长感言

让美成为学生内在的必备素质

美是生活，一个追求美的人，情趣不会差到哪里。基于此，我们根据多年的办学实践，认为党中央、国务院提出加强学校美育工作的意见是非常重要的。

美在“五育”中起着穿针引线和润滑剂的作用，功效不可低估。美的人，是精神与外在的完美统一。正因为如此，我们提出“感受性”美育，旨在通过欣赏、体验、运用，来塑造美丽的人生。

让美成为学生内在的必备素质，学校有底气，有资源，有方略；教师有艺术，有方法，有经验。让我们以美的名义，智慧展开美德美智美体美劳的美育旅程。

（原载 2020 年 9 月 24 日《文汇报》第 8 版）

多元性劳育:“劳动小能手”增添生力

——上海市浦东新区进才实验小学办学优质、育人优品纪实(劳育篇)

劳动伟大,劳动致富,劳动立人。

对这些有关劳动的基本概念,在上海市浦东新区进才实验小学,是通过课题研究、深入实践来根植于学生心中并落实在行动上的。

学校曾以“城区小学生生活劳动教育的实践研究”区级课题,对劳动教育的现状、改进思路和具体做法等进行了卓有成效的研究、探索、实践,形成了一系列正确的观念、精准的方案。几年来通过持续开展的环境渲染、活动体验、榜样感召、家校联动、偏差矫正,特别是动手操作的生活劳动和激励评价,使学校绝大多数学生知晓了“劳动光荣、劳动崇高、劳动美丽”的道理,懂得了“四体不勤、五谷不分,饭来张口、衣来伸手”的弊端。如今正确的劳动价值观以其强盛的能量和鲜明的共识弥散于校园和学生家庭。一位前期调研中对多项劳动内容选择“不会/不能”以至“会而不愿”的高年级男生写道:“通过学校开展的一系列劳动教育活动,我受到了触动,也改变了原先的想法。因为一个不愿劳动、不会劳动的人,不仅会影响他的个人生活和家庭生活,而且也很难立足社会,做好其他工作。”另一位在家、在校都能积极参加生活性劳动和服务性劳动的中年级女生留下了自己的感言:“在这次抗击疫情的战役中,涌现了太多的可歌可泣的人和事,有舍生忘死冲在一线的白衣战士,有日夜奔波的汽车司机、快递员叔叔,有恪尽职守的人民警察、社区人士和志愿者……”

学校的多元性“劳育”可圈可点,给人们以许多启示。

为多元性的“劳动教育”立规:分级实施劳动教育

劳动教育内容多、层级众。学校的劳动教育强调分级,按递进的内容循序渐进。

分年级劳动目标一目了然

学校在调查的基础上,编制实施共性内容与个性特点相结合、分段要求和逐级递进相结合的分年级劳动目标。

如1—2年级:初步养成早睡早起习惯,讲究卫生,衣着干净整洁,学会把自己的物品收放整齐。学做力所能及的家务劳动,爱惜学习和生活用品;水龙头随手关紧,不用灯时随手熄灭,用餐不剩饭和菜。初步了解社会;学会承担必要的班级劳动;尝试体验公益劳动,了解志愿者和志愿精神的内容。3—4年级:按时作息,合理饮食;爱惜、保护环境卫生,自己的事情自己做。主动学习劳动技能;节约用水、用电,爱惜粮食;保护环境,学会垃圾分类,善待动物、爱护植物。关心学校、社会,积极承担班级劳动;了解志愿者服务内容,热情参加志愿服务,乐于助人,具有一定的社会责任感。而5年级则增加了“良好的饮食习惯、积极参加家务劳动、热心公益志愿服务”等内容。

关键节点强化劳动

寒暑假的生活节奏很易催生人的惰性和任性。据此,学校紧紧抓住寒暑假,特别是突如其来的疫情时段,进行有目的、有计划的针对性教育。分别编制小学低、中、高年级的《暑期劳动评价卡》,发给学生、告知家长,共同抓好暑期家务劳动和志愿者的服务劳动。印发寒假家务劳动《承诺书》,在《暑假生活劳动评价卡》的基础上,强化一项家务劳动,并以承诺书的约定自我督促、诚信履责。

为多元性的“劳动教育”立则:健全劳育实践机制

多元性的劳动教育要产生常效,必须建立完整和实践机制。

多方配合形成劳动教育链

在“顶层设计”和学校实际的呼应契合中制订“目的明确、内容适切,分段要求、逐级递进”的劳育实施方案。有认知教育——由以宣传、传授为主的环境宣传、活动宣传、榜样宣传、学科渗透等内容组成的劳动教育;有实践性体验——即以日常生活劳动为主干的身体力行“功课”,分低、中、高三年段实施,形成了相对系统全面的劳动教育系列。

推崇“生活劳动小能手”

“生活劳动小能手”的评选,为多元性劳动教育的实施多了引导性、示范性的阵地。随着课题研究的逐步深入,每学期评选的“生活劳动小能手”指标不断突破,不少老师、家长不无感慨地说:“进才实验小学有着多姿多彩的德智体美和谐交融的风景，现在又多了一道'劳动小能手'风景"。

一位低年级男生在"小结"中写道："暑假中，我能每天按时起床，用餐时主动分好碗筷，给妈妈盛饭，还学会了自己梳头、叠被子、拖地板等家务。以后要严格要求自己，多分担妈妈的辛苦。劳动使我快乐、劳动使我懂得了许多道理。"

为多元性的"劳动教育"立制：优化家校联动机制

多元性的劳动教育，必须家校联手，形成合力，各司其职。

家校劳动连线

以日常生活劳动为主干的劳动教育能否植入学生的心田，学校主体责任的承负、主导作用的发挥，不仅体现在学生校园劳育的力度、效能上，还应体现在家校联动的合力育人效应上。因为，"家长是孩子的第一任乃至终身教师""家庭是实施劳动教育的关键场所"。

劳育观念趋同

学校学生大都来自联洋国际社区，家庭的综合条件、家长的育人思想比较接近于学校规正、先进的办学方略，加上历来重视"家校联动、合力育人"的开放教育，见效也就明显。如，凡学校布置的任务、提出的要求，绝大多数家长都能从思想上、行为上积极配合与支持，特别是在寒暑假和疫情期间，更能根据上级要求和学校建议，承担好教育、督促、评价的职责。

精彩实录

“世界文化节”缘何以“劳动”为题

在不少人眼里，文化节，总是以什么文化经典为由头，世界文化节，肯定又以什么发明而著称。然而，在进才实验小学，第八届“世界文化节”却以“劳动”取胜。

学校开宗明义：为全面贯彻落实党的教育方针，加强劳动教育，培养具有民族特质和国际视野的社会主义建设者和接班人，特紧扣劳动教育，组织开展本届“世界文化节”活动，主题为：“建树劳动观念 弘扬劳动精神”。

于是，有关的活动清一色以“劳动”冠名：收集、整理我国优秀传统文化中，有关“崇尚劳动、尊重劳动”的名言警句和经典故事；收集、整理当今现实生活中，各类劳动模范的先进事迹和平凡岗位上辛勤劳动、诚信劳动的感人事例；收集、整理世界上有关国家少年儿童热爱劳动、崇尚劳动的事例。结合自己、班级和学校实际，找一找我和同学中有哪些轻视劳动、不尊重劳动的思想、情感和具体表现。结合自我、班级和学校实际，想一想我和班级该怎样克服轻视劳动、不尊重劳动的缺点，今后该怎样去做？制订一份个人的“劳动教育”计划，提出自己的行动目标和落实措施(分校内劳动、家务劳动、社会实践劳动)；制订一份班级的“劳动教育”计划，提出共性的行动目标和落实措施(分校内劳动、家务劳动、社会实践劳动)；开展基于班级、学校、家庭的以“热爱劳动、崇尚劳动”为主旨的各类劳动实践，关注劳动态度、劳动观念、劳动技能、劳动习惯。

这样的“节”不同凡响，在学生中引起了热烈反响。

赵校长感言

并不简单的劳动

劳动创造了人，人类起源的哲学观点，早就明确了劳动对社会的建树作用。

然而，劳动教育并不是一个自然而然的过程。因此，从某种意义上说，劳育的重点在于：从理论上认知劳动的价值，从精神上认识劳动的意义，从行为中认同劳动的作用，将劳动当作生存的本领，从而不分高低贵贱地平等对待劳动、参加劳动。

我们提出多元性的劳育，就是充分明确劳动的内涵和外延，理解其精神实质，引导学生在劳动中体会人间的一切。劳动，看似简单，其实并不简单。劳动背后是一门大学问、一个大拷问，每个人都要回答，我们就是要让小学生在劳动上“早知早觉”。

（原载 2020 年 9 月 25 日《文汇报》第 8 版）

“四坚持四创造”，搭建学校体育发展的“共舞台”

体育的重要性不言而喻，而学校体育更有着鲜明而又独特的育人作用。习近平总书记在全国教育大会上明确指出，要健全完善人才培养体系，着力培养德智体美劳全面发展的社会主义合格建设者和接班人。显然，学校体育是人才培养体系的重要一环，对推进学校体育改革创新，促进学生身心健康、体魄强健、意志坚强、充满活力，并让学生享有更多获得感产生着极大的影响。

在办学发展过程中，进才实验小学始终秉持“为学生的卓越发展服务”的办学理念，践行“以学生发展为本，教育好每一位学生，让每一位学生都能在自信、负责、文明、快乐、成功中得到主动发展”的教育思想，为学生卓越成长提供强有力支撑。我们始终认为，健康的体魄是生命成长之基，“健康第一，全面育人”应该成为学校教育的追求。因此，我们在“小学体育兴趣化、初中体育多样化、高中体育专项化、大学体育个性化”的思路指导下，坚持努力挖掘体育教育资源，坚持“普及在课堂，提高在拓展，专业在社团、俱乐部”的体育课程理念，多项目、多渠道、多层次，整体谋划、全方位推进学校体育，营造浓郁氛围，激发学生参与体育活动的兴趣和潜能，充分彰显体育在促进人的全面发展中的应有价值。

如何将“健康第一”的思想变成机制性的安排？如何将“以体育人”的方略变成常态化的运行？如何将“学校体育”的概念变成可持续的生态？进才实验小学对此做了有效探索，即通过秉持“四坚持四创造”，让体育深化与学生成长相融相伴，成为发展的“共舞台”。

一、坚持运动项目“进课程”，为全体学生创造体育学习的“公平机会”

学校体育往往存在着“重学科、轻整合”“重体质、轻健康”“重技术、轻情意”的偏颇，影响了体育课程育人价值的充分发挥，也不利于学生兴趣的培养。为此，我们认真贯彻执行国家体育课程纲要，保证体育教学课程课时，1—5 年级每周都设 4 节体育课，每周都有 4 节阳光体育活动课，在此基础上，根据时代发展、学校实际和学生需求，不断丰富体育校本课程。

学生对体育运动的爱好是不一样的，为此，我们将乒乓球、篮球、足球、羽毛球、跆拳道等项目作为体育课拓展内容，设置在不同年级，排入课表，每周安排一节课。对已具备师资力量的项目，学校自行解决，如羽毛球、篮球则由学校的体育老师实施教学。对缺乏师资的项目，如足球、乒乓球、跆拳道等，就通过购买服务，引进体育俱乐部，聘请专业教练来教学，以保证教学质量。

这样的课程设置，不仅让全校每一位学生都有学习多种体育运动项目的公平机会，激发了学生的学习兴趣，而且发现了一些颇具各类运动天赋的尖子，让他们进入体育俱乐部进行更为系统、专业的训练，有望成为非常优秀的体育后备人才。

坚持运动项目“进课程”，在课程作为学生在校学习主体的今天，是使学校体育由单一课程变成学生健身锻炼的制度性安排，有利于深植学校体育。

二、坚持阳光体育活动"进日程"，为每个学生创造体育锻炼的"公共平台"

在教育转型的当下，需要从育人的高度全面审视学校体育的价值，突破单纯的运动技能和身体素质提升的局限，让学生在有规律、充分的、灵活的锻炼中培养综合素质，形成良好的意志品质、合作精神、交往能力和健康的生活方式。我们认为，每天的阳光体育活动就是学生锻炼和提升自我的公共平台，学校需要坚持不懈办好阳光体育活动，形成全天候的体育锻炼时空。

学校自2010年单列办学以来，无论是夏令制8：15上学，还是冬令制8：30上学（我校每年11月开始到来年4月底实施冬令制，将晨会课调整为午会课，上学时间推迟到8：30），始终坚持第一节上体育活动课，9：20才上其他课程。

为提高阳光体育活动的实效性，我们坚持从五个维度有序推进：其一，阳光体育课程化。根据学生的年龄特点、兴趣爱好和运动能力，设计了20多项室外体育活动、10多项室内棋类活动，固定安排在不同年级、不同班级同时进行。其二，器材保管自主化。大部分运动器材由学校准备，短绳、毽子等微型器材由学生准备，各类器材由班级管理，节省流程，保障学生运动的时间，还培养了学生的管理能力与责任意识。其三，活动项目专一化。阳光体育活动每个班级室外每半个学期只安排一项活动，室内一个学年安排一项棋类活动，让学生有充足的时间专注学习，确保体育活动不走过场。同时，加强了质量监控机制，每项活动都有检测标准，学习结束时，每个学生都要参加考核检测，并给予优秀、合格、不合格三个不同等级的评价，以进一步激发学生锻炼兴趣。其四，场地使用立体化。我校面积有45亩，但面对73个班3 000来名学生，人均活动场地远远低于标准。为保证阳光体育活动有序开展，我们把走廊、校内道路等所有能活动的场地都充分利用起来，又在市教委、区教育局的支持下，把2个屋顶也改造成了活动场地，体育组则根据不同场地的特点，安排适合的项目，最大限度满足学生锻炼所需。其五，项目落实责任化。把每一个项目的开展、检测、改进落实到每一位体育老师。每学期初，由负责的体育老师将活动时间、活动内容、活动要求、活动方案、运动目标等整套资料发给带班老师，使带班老师明白要求、方法以及目标。每个班级固定两位老师上阳光体育活动课，每个年级则固定有2位行政人员负责巡视、督促、指导、帮助。

这一系列举措，有力保障了全校性阳光体育活动有序、有质地开展，成效也在多年坚持中显现。进才实验小学的每个学生，在五年的小学生涯中能学到20多项室内外体育运动项目，会下5种以上的棋类。

阳光体育活动“进日程”，不仅学生“每天锻炼一小时”的要求得到充分的保障，营造了浓浓的体育氛围，而且激发了学生浓厚的体育兴趣，提高了学生的运动技能，增强了学生的身体素质。如今，自觉参与锻炼成为每个学生的校内生活常态。

三、坚持校外体育资源“进全程”，为特长学生创造专业成长的“共用阶梯”

学校体育坚持面向全体的同时，也要充分考虑平衡性和差异性，做到因材施教。体育活动，对于绝大部分学生来说是为了养成良好的健身习惯，但对具有体育运动天赋的学生来说就有了深造的需求，为此我校提出多元推进、分层提高的策略，在课堂普及、拓展提高的基础上，建立了马术、击剑、高尔夫、网球、足球、羽毛球、啦啦操、毽球、花样跳绳等10多个体育社团，如足球“进才豹”社团，已发展了200多位小球员。

为更好地组织社团训练，我们特别注重引入校外专业资源，引进多个体育俱乐部，为有需求且具一定天赋的学生提供专业支持，为体育后备人才的培养创造条件。目前，我校的马术、高尔夫、网球、击剑、足球、乒乓球、羽毛球、篮球、跆拳道、体育舞蹈等项目，都引进了专业的俱乐部，如：乒乓球引进了“丁松乒乓球俱乐部”，足球引进了“冠博足球俱乐部”，马术引进了“冰岛马术俱乐部”等，让那些确实有天赋的学生在初学阶段就得到最专业的指导，提高训练的效益，提升运动技能水平，努力创造“体教融合”的体育专业人才培养路径。

坚持引入校外体育资源“进全程”，充实了体育教学力量，厚实了专业基础，为学校体育的丰富和拓展提供了坚实的支撑。

四、坚持引导家长参与“进征程”，为家校共育创造互通互利的“共享连线”

学生的体育兴趣与学习，离不开家长的关心支持。特别是在全民健身、群众体育广泛开展的现实情况下，更应该有效引导家长参与学校体育工作，共筑家校合作的体育教育机制。

每学期开学初，学校都会给家长发放《体育学习告家长书》，让每一位家长知道：这一年，体育课上孩子要学习什么？身体素质测试项目是什么？评价的指标是多少？这一学年中，孩子阳光体育学习的项目是什么？达标要求是什么？体育老师还布置体育家庭作业，要求家长督促孩子进行锻炼。游泳、击剑等项目培训时，则要求家长负责接送，有体育天赋的学生，建议家长给予进一步发展的机会。学校各运动队，均成立了专门的家委会，负责学生训练的宣传教育、后勤保障等工作，平时的训练、比赛，假期俱乐部组织的集训等都有家长的参与与保障，切实体现了家校联动。

坚持引导家长参与"进征程"，让学校体育延伸至家庭，实现健身活动家校衔接，打通了"最后一公里"。

总之，"四坚持四创造"，让学校体育从理念推崇到具体落实见效，形成了学校体育兴旺有路、教师体育教学有方、学生体育健身有术的强盛格局，呈现了学校体育长期发展、内涵发展、生态发展的强劲势头，显示了体育事业、体育工作、体育教学的强大功能。除普及性体育健身带来的种种可喜成绩外，我校开展的足球、乒乓球、羽毛球、马术、体育舞蹈等在市、区级比赛中屡屡获奖，学校也荣获了"全国足球传统学校""上海市体育先进学校"的称号。

事实证明，"四坚持四创造"的学校体育发展之路，是遵循体育教育规律的振兴之术，有着无穷的生命力和创造力。

（原载 2020 年 12 月 B 刊《上海教育》）

“快乐教育”为“五育并举”铺路

——上海市浦东新区进才实验小学走向现代小学的实践与探索

我从事教育至今，深受斯宾塞“快乐教育”、倪谷音老师“愉快教育”思想的影响，不断实践探索。做教师，我努力营造学生喜欢的学习氛围，充分调动学生学习的积极性，让学生快乐学习，自己做一个学生喜欢的老师；做校长，我始终将让教师幸福工作，让学生快乐学习、健康成长、全面而富有个性化地发展作为自己的教育理想，这种信念在 2010 年到了进才实验小学后更加强烈而坚定，并将其作为学校的一种理念去构建，成为支撑“五育并举”的思想大厦。

牢记初心：奠定“快乐教育”

教育的本质是育人，要让教育成为快乐人生的奠基。我认为“快乐教育”，不是放任自流，自由自在，松松垮垮，不只是享受，不须努力。真正的“快乐教育”，应该是给学生、教师创造一种快乐学习、工作的氛围，学生、教师带着快乐的心情，去努力学习、努力工作，并在这过程中感受付出、努力的快乐，在取得成功后，获得成就的快乐；“快乐教育”不仅要让学生学会享受快乐，更要让他们学会创造快乐。学生不是被动地在快乐的氛围中学习，而是主动地接受快乐，并通过自己的努力，不断地付出，获得学习的成功，给自己、给别人创造快乐。快乐不仅是学生的专利，也是教师的福利。快乐不是单向的，是多向的，是不断发展变化的。快乐不是单一的，是学生、教师，学校、家长共同创造的。

"快乐教育"，是高效贯彻落实党的教育方针，让学生德智体美劳诸方面都得到发展、"五育"并举的教育；是让学生身心健康、全面发展的教育；是教师教得有效、学生学得高效的教育，是师生、家校共同有效成长的教育。

我的小学教育观，就是倡导在学校这个"共同体"中让学生和教师两大主体获得满足的快乐：让每一个学生拥有幸福的童年，让每一个学生主动学习，乐于探究，善于合作，身心健康，快乐成长，全面发展；让每一个老师幸福工作，积极乐观、善于施教，民主和谐，勇于进取，成就自我。从而让学校和谐向上，充满活力，创新实践，走向卓越，成为师生成长的乐园。

"快乐教育"的实现，是一个将理念转化为现实的过程，是在长期的实践探索中不断形成的。进才实验小学是实践"快乐教育"的肥沃土壤。我坚定了"让每一个学生拥有幸福的童年，让每一个学生主动学习，乐于探究，善于合作，身心健康，快乐成长，全面发展。让每一个老师幸福工作，积极乐观、善于施教，民主和谐，勇于进取，成就自我。让学校和谐向上，充满活力，创新实践，走向卓越，师生成长的乐园"的教育理想。

科学实践：实现"五育并举"

"快乐教育"为进才实验小学的"五育并举"铺路，而"五育并举"正是“快乐教育”的要旨。

学校地处浦东国际化程度很高的联洋社区，面对复杂的学生家庭背景和多元文化的影响，从2010年独立办学以来，以学生发展为本，努力贯彻德智体美劳全面发展的教育方针，坚持素质教育，坚持立德树人，坚持综合发展，办成了让社会赞誉、让家长放心的家门口的好学校。

“主体性德育”，是学校德育工作的鲜明特色和基本遵循，得到了师生的广泛认同，成为学生拥有德性的基本特征。学校努力构建的“以学生生活为本”“重童趣、重体验的德育策略”“自我管理、自我教育、自我评价”的“一本、二重、三自”的德育模式，是实施主体性德育的成功做法。学校搭建各种实践体验平台，鼓励学生积极参与德育体验活动，如社会实践，体验社会。每学期除了常规的春季或秋季社会考察活动外，还增加了一次社会实践体验活动——“社会大课堂”。由学校提供车辆，地点班级自选。有的去企业看看饮料是怎么生产的；有的上敬老院陪老爷爷老奶奶说说话；有的感受军营生活……每一次的社会实践活动，让学生有直观感知、切身体验。

“激发性智育”，是学校对学生学习能力建树的有效策略。激发性智育，以学生发展为本，注重学生基础知识、基础能力和基础习惯的综合培养；以开发思维为要，讲究思维意识、思维方法、思维辨析的全面提升；以培养能力为重，强调知识获取、知识联系、知识架构的立体联网，旨在为学生在学业、智力上的可持续发展提供“养料”。为使激发性智育行之有效，学校对课程教学进行了深度改革，提出并探索了一系列富有“睿智”的做法：“导学案”的设计与运用已普遍化；“学习任务单”已引进各年级各学科课堂；分层超市作业，让学生自主选择作业。如今，少教多学，少讲多练，学生自主学习、合作探究的核心学习素养基本形成，有效教学、创新教学、特色教学已成为常态，学生的学习积极性大为高涨。

“童趣性”体育，学校以健康为主旨，以育人为立足，致力于营造学校体育锻炼的氛围；以兴趣为燃点，以技能为重点，致力于学生体育锻炼从兴趣到自觉的引导；以习惯为重点，以养成为途径，致力于从小培养终身锻炼的意识和能力。学校自 2010 年独立办学以来，无论是夏令制 8：15 上学，还是冬令制 8：30 上学(学校每年 11 月开始到来年 4 月底实施冬令制，将晨会课调整为午会课，上学时间推迟到 8：30)，始终坚持第一节上体育活动课，9：20 才上其他课程。如今，“童趣性”的体育的实施，结出丰硕的成果：学生不仅掌握了一至两个锻炼本领，而且与艺术结合形成了综合素质，学校在各类体育竞赛中成绩斐然，荣获了“全国足球传统学校”“上海市体育先进学校”等称号。

“感受性美育”，学校注重美育内容的引入，注重美育体验的深化，注重美育生活的提供，为学生具备美的素养创造欣赏、体验、感悟、实践的机会，从而使美育从“阳春白雪”变成“下里巴人”，让每一个学生与艺术邂逅，与美育携手。学校将艺术教育纳入学校课程体系，开设了 51 门艺术科目，为学生的健康、个性需求、和谐发展提供优良的课程资源，并在常规教学、拓展型、探究型课程及放学后的城市学校少年宫活动中保证学生学习的时间和学习的有效性。如，在拓展课上，让部分有兴趣、有提升空间的学生得以提高。而课后的学校少年宫艺术社团，则是将舞蹈队、合唱队、管乐队、民族鼓队、摩登舞队、戏剧社、茶艺社、书画社等纳入拓展与探究型课程建设范畴，定时、定点进行提高训练，保障学有余力的学生得到专业性提高。

“多元性劳育”，学校致力于分级实施劳动教育，引导学生学习劳动本领，提高劳动意识，发扬劳动精神，培育伟大出自平凡的价值观。如学校在调查的基础上，编制实施共性内容与个性特点相结合、分段要求和逐级递进相结合的分年级劳动目标。1—2 年级：初步养成早睡早起习惯，讲究卫生，衣着干净整洁，学会把自己的物品收放整齐。学做力所能及的家务劳动，爱惜学习和生活用品；水龙头随手关紧，不用灯时随手熄灭，用餐不剩饭和菜。初步了解社会；学会承担必要的班级劳动；尝试体验公益劳动，了解志愿者和志愿精神的内容。3—4 年级：按时作息，合理饮食；爱惜、保护环境卫生，自己的事情自己做。主动学习劳动技能；节约用水、用电，爱惜粮食；保护环境，学会垃圾分类，善待动物、爱护植物。关心学校、社会，积极承担班级劳动；了解志愿者服务内容，热情参加志愿服务，乐于助人，具有一定的社会责任感。而 5 年级则增加了“良好的饮食习惯、积极参加家务劳动、热心公益志愿服务”等内容。

如今，学校正从“快乐教育”走向“卓越文化”，在进才实验小学走过 10 年独立办学之际，学校集集体智慧，积多年办学之结晶，研制了“卓越文化”方略，作为引领学校高端、高质、高效办学的“旗帜”，作为育人、育心、育才的“标杆”，有着特殊的意义和价值。“卓越文化”方略，是一个系统文本，涵盖学校教育的各个层面。这个方略的研制成功，标志着进才实验小学的办学追求达到了一个新高度，也是迈向现代小学的一个里程碑。

从“快乐教育”的“五育并举”到走向“卓越文化”的“全面发展”，学校将不断探索，达到现代小学的目标！

（原载 2020 年 10 月 20 日《中国教育报》）

图书在版编目(CIP)数据

从"快乐教育"到"卓越文化"：构建现代小学的主张、思路和探索 / 赵国弟著. —上海：文汇出版社，2022.7

ISBN 978-7-5496-3808-6

Ⅰ. ①从… Ⅱ. ①赵… Ⅲ. ①小学教育-教育研究 Ⅳ. ①G622.0

中国版本图书馆 CIP 数据核字(2022)第 113858 号

从"快乐教育"到"卓越文化"

——构建现代小学的主张、思路和探索

作　　者 / 赵国弟
策划编辑 / 张　涛
责任编辑 / 汪　黎
封面装帧 / 梁业礼

出版发行 / 文匯出版社
上海市威海路 755 号 （邮政编码：200041）
经　　销 / 全国新华书店
排　　版 / 南京展望文化发展有限公司
印刷装订 / 上海新文印刷厂有限公司

版　　次 / 2022 年 7 月第 1 版
印　　次 / 2022 年 7 月第 1 次印刷
开　　本 / 640×960　1/16
字　　数 / 178 千字
印　　张 / 14.75

ISBN 978-7-5496-3808-6
定　　价 / 50.00 元